中学化学
研究性教学实践

杨万丽　焉砚　周全　主编

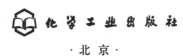

化学工业出版社

·北京·

内容简介

本书以"教育理论-教材分析-设计与实施-反思与建议"的内在逻辑主线将元素周期律、物质的量、化学键、元素化合物、金属钠、乙烯、乙醇、甲烷、化学能与电能、化学反应速率等中学化学教学重点内容进行研究性教学的设计及实践。

本书可供高等院校相关化学教育专业教师及学生参考，或作为学科教学（化学）研究生教材使用，或作为高中化学教师授课教参。

图书在版编目（CIP）数据

中学化学研究性教学实践/杨万丽，焉砚，周全主编. —北京：化学工业出版社，2023.11
ISBN 978-7-122-44113-3

Ⅰ.①中… Ⅱ.①杨… ②焉… ③周… Ⅲ.①中学化学课-教学研究 Ⅳ.①G633.82

中国国家版本馆 CIP 数据核字（2023）第 167359 号

责任编辑：赵卫娟　　　　　　　文字编辑：李婷婷　刘　璐
责任校对：宋　夏　　　　　　　装帧设计：关　飞

出版发行：化学工业出版社
　　　　　（北京市东城区青年湖南街 13 号　邮政编码 100011）
印　　装：北京科印技术咨询服务有限公司数码印刷分部
710mm×1000mm　1/16　印张 11¼　字数 209 千字
2023 年 11 月北京第 1 版第 1 次印刷

购书咨询：010-64518888　　　　售后服务：010-64518899
网　　址：http://www.cip.com.cn
凡购买本书，如有缺损质量问题，本社销售中心负责调换。

定　　价：88.00 元　　　　　　　　　　版权所有　违者必究

编写人员名单

主　编：杨万丽　焉　砚　周　全

副主编：孙　民　葛小元　潘庆梅　杨晓超

参　编：包金龙　杨丽婵　庞德彬　朱浙柱

　　　　崔婷婷　王　昊　刘赛男　彭嘉烨

　　　　王　晶　李宏扬　赵　鑫　赵　慧

　　　　黄　佑　苏怀婷　姜　美　马　俊

前　言

为适应社会、经济和科技发展的要求，新课程标准要求学校教育要在教学过程中教会学生科学探究的一般方法，重点培养学生的独立探究精神。随着我国对新课程改革的重视，研究性教学开始在一些综合实践活动中得到运用，研究性教学的优势在国家教育教学中得到彰显。在我国新一轮的教学改革中，研究性教学在中学的化学课程中也越来越受到重视。

研究性教学主要是使学生在教师的正确启发下能动地获得知识、准确把握学习方法的一种自主活动。从化学学科的教育革新来看，教师要更加充分地了解教材，熟悉所要教授的内容，然而要使学生学好化学，单靠教材和课堂又是远远不够的，还需要开展研究性教学，让学生走出教材，走出课堂，学习科学探究方法，发展独立探究精神。

本书第 1、2 章由焉砚编写，第 3～5 章由周全、葛小元编写，第 6、7 章由潘庆梅、朱浙柱编写，第 8 章由孙民、杨晓超、崔婷婷、王昊、刘赛男编写，第 9 章由包金龙、杨丽婵、庞德彬、彭嘉烨、王晶、李宏扬编写，第 10、11 章由杨万丽编写，第 12 章由赵鑫、赵慧、黄佑、苏怀婷、姜美、马俊编写。

本书得到黑龙江省教育科学"十四五"规划 2023 年度重点课题（GJB1423178）和黑龙江省高等教育教学改革项目（SJGY20210948）的资助。编写的意义在于给中学化学教师课堂教学实践提供参考和教学建议。本书可供高等院校相关化学教育专业教师及学生参考，或作为研究生教材使用。

编者
2023 年

目 录

第1章　绪论　/1

1.1　高中化学新课程改革的要求 ··························· 2
1.2　研究性教学的内涵和研究依据 ······················· 2
1.3　研究性教学的研究方法及一般模式 ··············· 4
1.4　国内外研究现状 ··· 9
参考文献 ··· 12

第2章　研究性教学在元素周期律教学中的应用　/13

2.1　教材分析及学情分析 ······································· 14
2.2　研究性教学在元素化学史教学中的应用 ·········· 15
2.3　元认知教学法在原子结构和元素性质教学中的应用 ·············· 15
2.4　治学型学习法在元素周期律教学中的应用 ······· 17
2.5　分析及建议 ·· 19
参考文献 ··· 22

第3章　研究性教学在物质的量教学中的应用　/25

3.1　教材分析及学情分析 ······································· 27
3.2　研究性教学在物质的量及其单位教学中的应用 ·· 29
3.3　研究性教学在气体摩尔体积教学中的应用 ······· 34
3.4　分析及建议 ·· 39
参考文献 ··· 39

第4章 研究性教学在化学键教学中的应用 / 43

　　4.1　教材分析及学情分析 ………………………………………… 44
　　4.2　研究性教学在离子化合物的形成过程教学中的应用 ……… 46
　　4.3　研究性教学在共价键定义及类型教学中的应用 ……………… 48
　　4.4　研究性教学在离子键与共价键比较教学中的应用 …………… 50
　　4.5　分析及建议 …………………………………………………… 52
　　参考文献 ………………………………………………………… 52

第5章 研究性教学在元素化合物教学中的应用 / 53

　　5.1　教材分析及学情分析 ………………………………………… 54
　　5.2　研究性教学在生活化教学情境中的应用 …………………… 56
　　5.3　研究性教学在元素化合物实验教学中的应用 ……………… 59
　　5.4　研究性教学在元素化合物复习课中的应用 ………………… 62
　　5.5　分析及建议 …………………………………………………… 64
　　参考文献 ………………………………………………………… 65

第6章 研究性教学在金属钠教学中的应用 / 66

　　6.1　教材分析及学情分析 ………………………………………… 67
　　6.2　研究性教学在探究金属钠与水反应实验现象教学中的应用 ……… 69
　　6.3　研究性教学在验证氢气生成教学中的应用 ………………… 74
　　6.4　分析及建议 …………………………………………………… 78
　　参考文献 ………………………………………………………… 79

第7章 研究性教学在乙烯教学中的应用 / 80

　　7.1　教材分析及学情分析 ………………………………………… 81
　　7.2　研究性教学在乙烯球棍模型教学中的应用 ………………… 85
　　7.3　分析及建议 …………………………………………………… 88
　　参考文献 ………………………………………………………… 88

第 8 章　研究性教学在乙醇教学中的应用　/ 89

8.1　教材分析及学情分析 ·· 90
8.2　研究性教学在乙醇的导课教学中的应用 ················ 93
8.3　研究性教学在乙醇结构及化学性质探析中的应用 ·········· 97
8.4　研究性教学在乙醇教学案例设计中的应用 ············ 99
8.5　分析及建议 ··· 104
参考文献 ·· 106

第 9 章　研究性教学在甲烷教学中的应用　/ 107

9.1　教材分析及学情分析 ·· 108
9.2　研究性教学在甲烷的正四面体结构探析中的应用 ·········· 110
9.3　研究性教学在甲烷化学性质教学中的应用 ············ 115
9.4　分析及建议 ··· 120
参考文献 ·· 121

第 10 章　研究性教学在化学能与电能教学中的应用　/ 122

10.1　教材分析及学情分析 ·· 124
10.2　研究性教学在锌铜原电池工作原理探究流程教学中的应用 ········· 125
10.3　研究性教学在教学案例——原电池教学中的应用 ············ 135
10.4　分析及建议 ··· 140
参考文献 ·· 140

第 11 章　研究性教学在化学反应速率教学中的应用　/ 141

11.1　教材分析及学情分析 ·· 143
11.2　研究性教学在化学反应速率的表示与简单计算教学中的应用 ······ 145
11.3　研究性教学在浓度对化学反应速率的影响教学中的应用 ·········· 150
11.4　分析及建议 ··· 155
参考文献 ·· 156

第 12 章　研究性教学案例分享　/ 157

12.1　二氧化硫与钡盐反应的研究性教学案例 ················· 158

12.2　二价铁离子和三价铁离子的检测及转化研究性教学案例 ·········· 163

12.3　探索"雷雨发庄稼"背后的秘密——一氧化氮和二氧化氮
　　　研究性教学案例 ····················· 166

第1章

绪　论

1.1　高中化学新课程改革的要求

　　教学方法的改革始终是教育改革的一个重点。在课程改革之前，我国的高中化学教材大多都以"学科本位"为中心，教师教学也都以讲授为主。由于理论性知识的学习过于乏味，内容的呈现方式过于文字化，教师在教学过程中容易形成灌输式教学，从而导致学生被动学习。学生的学习过程倍显枯燥，学生的思维能力发展受限，阻碍了学生学习能力的提升与发展。

　　近年来，国家越来越重视素质教育，其总体指导思想是以学生创新能力的发展为基础，因此改变学生的学习方式和教师的教学方式是重中之重。研究性教学的根本出发点是以培养学生的创新精神和实践能力为核心，改变学生的学习方式，同时实施素质教育[1]。新的化学课程标准的施行使研究性教学作为一种新兴的教育教学方式，开始在我国的教育教学中发挥重要作用。应用研究性教学，不仅增加了学生学习的自由度，而且让教学模式变得更加丰富，可以让学生更好地在自主学习和自主探究中获得知识。

1.2　研究性教学的内涵和研究依据

1.2.1　研究性教学的内涵

　　在对研究性教学内涵的认识中，有学者认为研究性教学是指通过教师对学生的指导和帮助，让学生进行自然科学、社会生活方面的自主实践和自主思考，让学生在自主探究知识的过程中，明白知识的科学本质，进而培养学生的综合素质，同时提升学生的创新思维和探索能力[2]。而在笔者看来，研究性教学有以下几个特点：

　　① 研究性教学包含的内容很丰富。它是教师研究性教学与学生研究性学习相结合，课堂教学与课外实践相结合，同时以教材为依托联系实践，教师指导与学生自主学习相结合，达到整体性、协调性、统一性的一种教学方式。

　　② 研究性教学应用重点在于明确学生在学习过程中的主体地位，教师起到的是引导和帮助的作用。研究性教学方法可以在培养学生自主探究、自主实践的同时，让学生对学习产生兴趣，同时提高学生分析问题和解决问题的能力。

　　③ 研究性教学不是脱离教材去探索，而是以教学内容为主体，并且根据学生的实际情况和认知水平去制订教学计划，在方法的应用上要保证设置学生主动

参与的环节，在学生自主实践的过程中培养他们的创新能力，引导学生运用所学的知识对新事物进行更深层次的探究[3]。

1.2.2　研究性教学的研究依据

（1）教学与研究相统一的理念

近年来，我国教学研究方面的研究人员也认识到好的科学探究模式会很大程度影响教学质量，不仅可以保证知识的发展性，还可以更好地指导学生树立正确的科学观。只有真正将教学内容和科学探究联系在一起，才可以达到更高层次的教学目标。在实际的应用中，我们发现没有研究的教学模式中，缺少创新思维；脱离了教学进行研究，则会因缺少指导和方向而很难完成实践。因此，在教学过程中，研究性教学的出现实现了两者的有效结合，为教学与研究的结合提供了依据。

（2）现代学习理论的变革

在现代的诸多教育理论中，多位教育学家提出的理论都着重提到了要发挥学生的主体作用，将学生的主观能动性发挥出来，提高其创新思维能力，其中包括合作教育理论、达尼洛夫的问题教学法、程序教学理论等。问题教学理论认为，应当把学生放在问题解决者的位置上来进行课程设计。首先确保教学过程中是通过问题来进行知识传导的，把问题作为学生探索发现的主要动力；其次是要在课程进行中，引导学生从对知识产生疑问，逐渐发展到利用知识自主解决问题。把问题作为教学主题贯穿整个教学过程的始终，包括学生自我发现问题、通过老师的帮助理解问题、解决问题。建构主义则提出学习应该联系实际，通过已有知识与社会背景的相互作用来解决遇到的问题，同时要通过老师对知识的讲解以及学习内容、教学资料等的协助，建立起属于自己的认知结构，从而达到对知识本质的理解。在建构主义理论中着重提出了对知识的自主实践和主动探究，通过这种方式进行对知识的认知建构，更有利于发展学生的创新思维和探究能力。研究性教学的方法正是对这些理论应用的综合体现。

（3）教学中师生关系的发展

在传统的教学模式中，通常以教师的设计意图来进行课程教学，没有对学生的困惑之处展开足够的探讨和思考，即使也承认学生在教学过程中的主体地位，但是并没有切实有效地体现出来，只是依靠教师自己对于课堂的理解。因此在新的教学模式中要求教师的角色要有所转变，从传道授业的讲授者变成对学生进行创新探究性活动的指导者和引领者，真实有效地开发学生的创新思维和探究能力。研究性教学的过程即是教师与学生之间相互补充，重视每种想法的差异性，在师生合作过程中进行探究。研究性教学强调教师在教学过程中要合理地运用已有知识和生活常识等基本要素，充分体现学生在学习过程中的自主性，加强对问题的思考，从而更好地建立属于自己的知识体系。但是要将研究性教学的每个环节真正落到实处，教师的引导极其重要，教师对课程方向把控得越明确，学生解决问题的思路也会越清晰，两者相辅相成。因此，研究性教学是教师主导与学生主体互补的教育思想所追求的理想境界。

1.3 研究性教学的研究方法及一般模式

研究性教学方法应用的基本思路如图 1-1 所示。

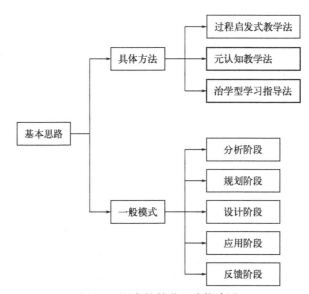

图 1-1 研究性教学思路构建图

1.3.1 研究性教学方法

研究性教学是指教师通过引导学生从社会实践和生活常识中挑选与教学内容相关的知识进行探究，让学生在自主探索、自主创新、自主实践的学习中，学习知识、发现问题、应用所学知识解决问题[4]，从而获得探索知识的经验和乐趣，学会科学研究的方法，提升学生的各方面能力，是一种培养学生创造能力和创新精神的教与学互动的实践活动。

研究性教学是建立在研究基础上的教学模式，即要求教师采取多种途径和方式，有目的地引导学生应用研究性的思维探究问题。它立足于培养学生善于观察新事物、新现象的能力[5]，是一种培养创造性人才的新途径。例如，本书第 2 章将研究性教学的方法应用于元素周期律的教学中。在教学过程中将会着重体现以下三种教学方法。

（1）过程启发式教学法

过程启发式教学法主要是对传统的启发式教学方法的改进。在对传统启发式教学法的研究中，笔者认为传统启发法有以下特征：教师在对教学内容进行设计时，已经把每个知识点所需要提出的问题和学生对问题的解答做好了规划，在教学过程中，传统的启发式教学其实就是通过设计的问题来使学生逐步接近知识点，得到教师想要的结果，学生只是思考了问题本身，却没有思考问题的来源。应用此方法过多，会导致学生对教师的提问产生依赖，缺少了对问题本源的思考。

如何对传统的启发式教学进行改进，笔者认为应该从教学过程入手，改变引导方式，也就是应用过程启发式教学法。在对问题的引导上，针对目标不应该是某一道题目，而是通过一系列对问题的拆解与示范，让学生掌握一个完整的思维过程，进而能自发提出问题并进行独立思考，提出的问题能够指向思考的过程。

要根据学生已有的知识储备和对重要知识的思维方式来进行启发式教学问题的设计，通过设计的一系列问题，让学生对知识脉络有一定的认识，可以启发学生对更深层次的问题进行思考，向自己提出问题，再对问题进行探究。通过这种方法可以很好地启发学生对科学本质的探究，从根本上提高学生对知识的思考和创新。

（2）元认知教学法

元认知表示的是个人对自己的思维方式的判断和思考，对研究对象的更深入探讨。例如在进行科学探究时，应该从哪方面着手？在对结果有了一定的认知后，重复进行思考，是否有更容易理解的方向或方法？[6] 这种对自己的探究过程和思维方式进行重复分析的方式就是元认知。元认知的主要应用就是完善自己的思维模式，提高对知识的把控，可以让自己的思考方式更加有条理，对知识的理解更明确清晰。在教学过程中应用元认知教学法，可以提高学生的思维能力和创新能力，但是首先要对学生进行元认知能力的训练，使学生明白该如何调整思路、方法，达到更好的学习效果。

元认知教学法的应用可以从三个方向进行：

① 对学生进行元认知理念的引导，通过对元认知概念的讲解让学生初步了解元认知的应用方法。

② 帮助学生在教学过程中应用元认知方法。具体是指当学生对问题进行探究时，在问题解决后，由教师引导学生尝试从不同方向解决问题，让学生感受不同思路、方法的异同、优劣，增强学生对问题的多方面思考能力。

③ 在教学过程中，还要提高学生在应用元认知方法时对其监控能力的重视。元认知监控能力是指在思考问题时的自主监视和自主控制。元认知自主监视体现在学生进行问题探究时，要主动地监视自己应用的思考方法是否有效，因此，要让学生主动对自己所应用的思考方式是否正确做出判断。接下来就是自主控制，对好坏方法区别对待，方便快捷的思考方法要坚持使用下去，不要中途改变；而对于不适合自我思考的方式则要及时更换模式。元认知监控是元认知教学的具体应用过程，在这个过程进行应用还是有一定难度的，学生在探究问题的过程中，经常会把研究中心放在问题的本身，忽略了对解决问题方法的思考，所以在培养学生的元认知监控能力时，要让学生学会自我提问，来推动自己对研究方向的思考[7]。

元认知教学法是过程启发式教学法的拓展和提升，可以在自己提出问题解决问题的基础上，加入对探究思路的反思，可以更深入地探究知识和科学本质，并以更适合自己的方式进行学习。

（3）治学型学习指导法

治学型学习主要表现在当学生在对某一方面知识产生浓厚兴趣后，按照自己的方法查阅有关资料（可以通过网络、图书馆、生活积累等方式），并对收集整理的资源进行整合分析，加工处理，得出最终结论；也可以通过资料整理得出新的科学理论，感受探索规律的乐趣[8]。治学型学习方式更有探索性，不会只针对课本上的知识，涉及的范围更广泛，包含的知识量更多，所以这种学习方式既可以更好地丰富学生的知识储备量，也可以让学生通过兴趣来学习，激发学生学习的积极性。治学型学习更注重对某一方面的专一性研究，这样培养出的学生在学习和科研上会有更强的方向性，而这也正是我们国家发展所需要的人才培养模式。在教学过程中要怎么体现治学型学习指导法呢？可以从以下几个方面来考虑：

① 引导学生对问题产生兴趣，并能够自己提出问题，这可以通过丰富学生的课外生活来进行。

② 提高学生对资料的整理和归纳能力，通过阅读、分析目录等方式快速搜寻到需要的资料。

③ 可以根据资料对想要探索的问题进行回答，并可以构建自己的思维模式。

④ 给学生建立起脚踏实地、严谨务实、刻苦钻研的治学精神。

1.3.2　研究性教学方法的一般模式

在对高中化学研究性教学设计的一般模式构建过程中，主要分为如下几个维度：

分析阶段，就是对内容以及学生情况进行总体的了解。

规划阶段，通过对教学目标、学情以及重难点进行科学分析，找出可以应用的研究性教学方法。

设计阶段，主要是教师对于各种研究性教学方法的应用，采用不同的方法来达到不同的教学目的。

应用阶段，对准备好的研究性教学方法进行实践。

反馈阶段，通过应用的实际效果进行教学成果以及落实情况检验。

以上五个维度，也就构成了研究性教学设计模式体系。

（1）分析阶段

对于高中研究性教学的设计来说，分析是很关键的一步，不仅可以帮助教师对内容有全面的认识，还能够帮助教师找到更好的切入点，明确研究性教学的设计意图。在教学分析时，要从内容和学生情况两方面去研究：

① 教学内容方面：教师要把握好教学的有效性以及目的性，以化学课程标准为基础，挖掘内容的深度、范围，教学内容的分析不仅可以帮助教师研究知识点之间的关联性，还能帮助教师巩固相关内容，加深印象，挖掘出深层次的含义，做到由表及里的转化。

② 学生情况方面：教学的本质就是以学生为中心，培养学生的主观能动性，让学生学会如何学习。所以在研究性教学的设计时，要充分考虑学情，从学生的角度出发，确保设计的有效性。设计时要充分考虑到学生认知发展规律以及心理需求，分析时还要考虑学生整体学习状态、学习时的风格、平时他们的习惯以及班级同学的个性，充分发挥他们的爱好及特长，根据学生的情况精确定位[9]。

学生的学情分析要严谨，保证分析内容的准确性，分析时要时刻以高标准、严要求的态度去对待，确保教学设计能依据学情的分析及班级特色进行。例如，在学习"元素周期律"相关内容时，就要根据学生情况分析、课程标准设计"元素周期律"的研究性教学。教学过程中教师能够实时得到反馈，了解学生对元素知识的掌握情况，完成教学内容，实现教学目标。

（2）规划阶段

规划，在研究性教学中乃至传统教学中都占据十分重要的地位，具有承上启下的作用，能为教师提供良好的设计思路，有利于明确教学目标，使目标更为科学化、合理化，并且选择合理有效的方法策略，能让教学过程充满趣味、生动形象，让学生在学习过程中更好地感受探究的乐趣。

教学目标：根据课程标准制定出符合逻辑规律、学生心理发展，在教学活动中希望学生得到的学习结果。要做到目标明确并且单一，同时还要以学生为中心，结合高中学生的特点找到适合的方法技巧及策略，帮助学生完成教学内容的学习。

教学策略：好的教学策略能够起到事半功倍的效果，还能做到高质量教学。教学策略能直接决定一节课的成败，故在教学策略的选择上要以课程标准、学生的特点以及学生的喜好为依据。如果选择不佳的教学策略，那么课堂教学将很难达到理想的效果，不利于学生的学习。这就体现了教学策略的重要性。

教学过程：研究性教学的各个环节需要精心设计，每个环节紧密相连，并且具备一定的趣味性或者故事性，吸引学生，让学生自觉地参与其中，积极主动地学习，感觉到学习是一种享受。

（3）设计阶段

研究性教学方法的应用是研究性教学设计的关键所在，前期工作对教师来说是必备的且应该做好的。而研究性教学方法的使用对于大部分教师来说较为生疏，没有真正的实践很难做好，往往是"理想很丰满，现实很骨感"，甚至会出现动机性不强、实用性很差的结果。所以在进行研究性教学设计时要做到以下几点：

① 设计中要确立学生在课堂中的主体地位，以学生的思考路径为要点，教师主要起到辅助引导的作用。

② 要重视学习能力和学习方法的培养，注重创新思维，对于教学知识点的把控要通过更好的方法来实现。

③ 要提高对问题探讨的水平，让学生通过已有知识和资料准备对问题进行深层次的自主探究，帮助学生找到获取知识和解决问题的方法。

④ 要丰富教学手段和方法，对于不同的内容要应用各自对应的教学方法，也可以多种方法结合应用。

⑤ 加强与学生的互动性，把教师放在学习伙伴的位置上，体现教学相长的原则。

（4）应用阶段

研究性教学的应用主要是通过课前的准备工作和课堂上细节的把控来完成。

为学生提供多种教学过程，丰富传统的教学环节，使教学内容更为充实。这就需要教师发挥研究性教学的优势完成教学目标，帮助学生完成学习，也使教师更好地完成教学任务。配备相应的习题，所设置的问题要难度适中，主要强化学生对教材中核心知识的巩固。如习题中"分子晶体和原子晶体有什么不同？请举例说明"以及"如下化合物中哪些是分子晶体，哪些是原子晶体，哪些是离子晶体，哪些是金属晶体"。理清学生在学习中极易混淆的概念，对于学生课后的巩固复习也是非常有必要的。同时也要安排具有科学探究意义的题目，积极启发学生运用自己的科学探究能力与相关的知识经验更深入地进行独立的科学探索。如习题设置"自己摸索金属活泼性检验方法"，这样的题目设置既让学生巩固了物质性质的知识，又培养了学生的探究能力。如"人们可以从不同角度、不同层面来认识物质变化，请用氢气与氧气点燃生成水为例子说明对化学变化的认识"，这样的题目设置可以引领学生从更深的哲学层面对问题进行思考，更全面地领悟物质现象和本质间的相互联系，培养联系和发展的思维方式，形成辩证思考的马克思主义科学观念。

（5）反馈阶段

研究性教学设计要充分意识到教学目标所强调的以学生为核心的教育理念，不仅要注重学科内部知识结构体系建设，还要关注学生学习的思维能力和学习品质的训练。研究性教学中每一个有风格的栏目的设计都要体现学习者观察知识、体验知识、理解知识以及归纳知识的心理变化过程。同时根据课堂和课后学生的学习情况反馈，进行教学设计的微调，让研究性教学反馈作用于设计原则和设计目的，充分发挥研究性教学的作用，在交流实践中完善研究性教学，让研究性教学切实有效地帮助教师和学生完成任务。

1.4 国内外研究现状

1.4.1 国外研究

长期以来，各国、各大学对教育与科研结合的看法各有不同，例如，英国和澳大利亚等国的教育与科研分离，而美国的教育与科研结合得很好。为加强教学和研究的密切关系，学术界提倡研究性教学，并且主张把获得知识看作是一种建构的过程。关于研究性教学这一问题，学术界也曾进行过激烈的辩论，其内涵也在不断地发展、演进，相对而言，研究性教学一般分为四类，如图1-2所示。

图 1-2　研究性教学的分类图

在实施结果方面，早年间，美国就开始在一些中学开展"自主课程"，进行研究性学习和研究性教学。研究性学习在美国的大、中、小学正成为一种积极、有效的教学手段和教学策略，目前应用最广的两种模式是专案型学习和问题型学习[9]。而法国在中学里开设了一门名为"多样性途径"的课程，并且在大学也开设了"适度发挥学生创造力"的课程。同一时期在亚洲，日本也逐步转变了一些不良的教育习惯，并致力于提高学生的自立能力。

西方国家关于研究性教学理论的探索很早就开始了，美国学者杜威就是代表人物之一，他还论证了理论研究的必要性，并在《民主与教育》一书中发表了自己关于理论研究必要性的观点，并在此基础上确立了一种新的教学方法，即"问题教学法"。20世纪90年代，美国长岛劳伦斯中学开设了相关的"独立课程"，用于对七年级学生的教学。由此，研究性学习研究和实践的探索时代正式拉开了序幕，美国教育经济学中心立足于英语、数学、科学和应用科学四个领域，除了对中小学生制订四个领域的教学内容外，还强调教育策略。法国的研究课程是"适度发挥学生的创造力"（TIPE）[5]。法国开始探索研究性教育课程之后很快就设计了开展研究性教学的具体实施计划，并将决定权交给学校领导，他们可以自己决定是否进行试验。法国研究性教育计划最早是在1995～1996学年高中二年级开始进行试验的，至1998年，全国各学区的部分学前教育开设了"多元化"课程。关于研究性教学的课程不仅在中学进行，大学也在修习，即"适度发挥学生的创造力"的课程，后来在法国，这门课又被称为"个人实践指导课"。

在西方研究性教学活动开展的同时，亚洲国家日本也开始了对研究性教学的探索。1996年日本中等教育回顾会议上题为"我们展望21世纪的教育"的咨询报告，呼吁改变一切不良的教育趋势，发展学生的生存能力。日本科学教育，又称综合训练，20世纪90年代在日本中小学非常流行，其主要目的是培养学生的学习和生存技能，如自主发现问题的能力，独立思考、解决问题以及与他人协调和合作的能力[6]。

综合性学习，他们都具有以下一些特点：首先，问题和解决问题两个过程。其次，研究性教学课程是开放的。最后，研究性教学课程在重视结果的同时，更注重学习过程中学生的感受和体验。尽管不同的国家或地区采用不同的研究性教学方式，但其目标都是为了改变学生的学习方式。

1.4.2　国内研究现状

早在两千多年前，我国的教育家、思想家孔子、孟子等就在论述教育问题的过程中提出了教育心理学思想。在新中国成立以后，我们的教育工作者将国外的教育心理学理论和中国教育的现实情况结合起来，促进了教育心理学的迅速发展。由于有足够的理论支撑，加之国外的教育理念的影响，我国在小范围内开展了研究性教学。上海、北京、南京、武汉是首批将研究性教学从国外引入国内的城市。其中，在上海开展了较多的研究性学习与研究性课程建设的探索和前瞻性研究[9]。

研究性教学首先在上海开始。在课程改革的第一阶段，中小学开设活动课程，通过项目研究引导学生自主学习，强调培养发散性思维、学习联系生活等，在一定程度上类似于研究性教学[8]。但是，当时的教育内容主要是小生产、小发明，学习创造技术，培养创造思维，而且只针对少数学生，所以有一定的局限性。1998年在上海市启动了第二阶段中小学改革，提出了"以学生为中心"的新理念，培养学生具备基本的学习技能、发展技能和研究技能。研究性课程成为上海市第二阶段课程改革中课程结构的重要组成部分[6]。1999年开始研究性教学在我国大规模倡导，广东、江苏、河北等地在高中相继开展了研究性教学的实验，2000年1月，教育部制定了《全日制普通高级中学课程计划（试验修订稿）》，研究性教学首次被列为高等教育的必修课。随着我国教育课程改革的推进，研究性教学不仅作为一种独立的课程形式存在，也逐渐成为一种新的学习方式。

目前，很多高校也在进行研究性教学。例如清华大学的"大学生研究训练计划"、北京大学的自主本科生科研项目、浙江大学的大学生科研训练计划等，都进行了一些有益的探索。除了上述高校研究性教学改革的实施，其他学校的部分教师也在研究性教学模式的探索方面取得了不俗的成效，如南京大学的卢德馨、梧州师范高等专科学校的李新荣、华中师范大学的胡田庚等。中国人民大学从2013年开始，将研究性教学和本科生科学研究有机地结合在一起，形成了"科教融合、学术育人"的教学模式。该模式将研究生教育与本科生科研相结合，形成了"教师讲授-师生研讨-学生探究"的"三步推进研究性教学模式"[10]，这是研究性教学逐渐囊括本科生科研活动的实例，也是研究性教学进一步完善和发展的趋势，在实践中取得了良好的效果。

国内研究性教学发展历程如图1-3所示。

此外，在研究性教学实施过程中，有些学校或部门也存在着一些误区，如学校为了追求效果而将成果过度放大的功利主义倾向，未将研究性教学参悟透就随

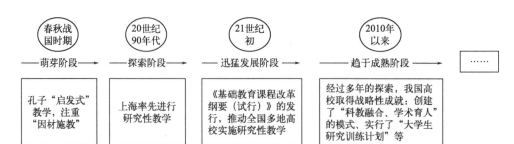

图 1-3　我国研究性教学的发展历程图

意以某种活动方式应付上级部门检查的形式主义等。因此，研究性教学的实施仍需继续深入发展。

目前，我国大部分的高中教学中仍很少有教师开展研究性教学，主要是因为很多教师都存在认知误区，认为开展研究性教学会影响教学任务，还会影响学生的学习成绩以及教学进度。实际上，在日常教学中适时地开展研究性教学不仅不会影响教学，还能充分调动学生学习的积极性，激发学生对化学的兴趣。化学研究性教学主要从学习目标、常用的方法、选题、组织与实施、评价与管理等几个方面进行。学习过程中课题的选择也是十分重要的，通过教师的指导，让学生根据学习和生活的需要并结合书本知识选择课题，课题的选择难度要符合自己的学习情况，要有一定的难度，不要过于简单。我国现行的高中化学研究性教学通常是在教师的指导下，以小组分工合作的形式进行合作性探究学习。学生间相互交流学习心得，教师适时指导评价，对于表现优异的学生给予赞扬，这有利于学生学习兴趣的培养与探究思维的发展。

参考文献

[1] 尹后庆. 上海开展"研究性学习"的实践与认识[J]. 上海教育科研，2000(1)：2-5，11.

[2] 夏锦文，程晓樵. 研究性教学的理论内涵与实践要求[J]. 中国大学教学，2009(12)：25-28.

[3] 鲁新玲. 基于数据分析能力培养的元素周期律教学实践研究[J]. 化学教育，2015(5)：38-42.

[4] 刘伟忠. 研究性教学中的难点与实施重点[J]. 中国高等教育，2006(24)：36-37，42.

[5] 谢秉智. 积极推动研究性教学提高大学生创新能力[J]. 辽宁教育研究，2005(6)：55-57.

[6] Jone Theodore Merz. A History of European Scientific Thought in the Nineteenth Century[M]. New York：Dover Publications，1965：167.

[7] 龙文静. 让学生发现元素周期律——围绕基本概念架构学习活动的案例[J]. 化学教育，2004(11)：30-32.

[8] 邢如萍，成素梅. 门捷列夫的预言及其认识论意义[J]. 科学技术哲学研究，2010(2)：50-55.

[9] Erduran S. Breaking the law：promoting domain-specificity in chemical education in the context of arguing about the periodic law[J]. Foundations of Chemistry，2007，9(3)：247-263.

[10] Zhang Q，Zhang Q，Sornette D，et al. Early Warning Signals of Financial Crises with Multi-Scale Quantile Regressions of Log-Periodic Power Law Singularities[J]. PLOS ONE，2016，11(11)：1-43.

第 2 章

研究性教学在元素周期律教学中的应用

"授人以鱼，不如授人以渔"，研究方法的传授才会使学生在研究的路上走得更远。在教学过程中，教师应该更加侧重提高学生解决问题的能力，引导学生逐渐学会在遇到问题时从正确的方向和角度入手，让学生在课堂中成为发现问题的主体，充分发挥学生的主观能动性，进一步培养学生对知识本源的探究，提高学生的科学探究意识。在应用过程启发式教学法时，要注重问题的设置，为学生提供发现问题的基础条件，并让学生们通过实践探究来解决问题，整个环节中学生是学习的主体，教师起到引导作用[1]。

对于元素周期律的课程理解，王晓峰老师[2]比较提倡思维导图模式，思维导图可以将繁杂多变的知识点进行概括总结，建立起新的知识结构和思维体系，这能帮助学生更充分地理解知识。而黄明春老师等比较侧重认知模型，通过构建认识模型促进学生对元素及物质的阶段性理解，同时促进学生在思维能力和结构认知方面的发展。每种方法都有其独到之处，但是笔者认为化学教育的重点在于对科学本质的认识，这点在文献中体现得不够明确，所以将会在本文中介绍如何应用研究性教学的方法，通过学生的自主实践，让学生对元素周期律的科学本质有更深刻的理解。

2.1 教材分析及学情分析

在元素周期律的教学上，针对不同的课程和学生的学习情况，对于问题的提出要有侧重点。通过对问题的指向性设计，激发学生的学习兴趣，引发学生对后续知识的思考，让灌输式教学变为学生主动探索的教学模式。积极探索的过程，也可以激发同学们学习的热情。提供一种创设情境问题并解决问题的氛围，可以很好地培养学生们的创新思维和解决问题的能力。

对于元素周期律的学习，首先要联系学过的知识，构建出一个整体的思维体系，主要包括物质的原子结构、核外电子的排布、结构与性质的关系、金属性与非金属性的递变规律。通过对以上知识的归纳总结，引出对元素周期律的深入探究。首先引导学生回顾原子结构的相关内容，再从核外电子数量与电子的排布规律引起思考，最后将其与元素性质进行联系。结合元素周期律的发现史，帮助学生构建起"位置-结构-性质"的关系模型。通过对教学知识点和学生学情的分析，规划并确定过程启发式教学法的总体设计思路，让学生在思考问题的过程中学习，预先了解要学习的内容并带着问题走进课堂。

2.2 研究性教学在元素化学史教学中的应用

课前教师先讲述门捷列夫与元素周期表的故事引起学生兴趣，通过设置不同角度的问题，例如原子序数与原子半径、原子的核外电子排布规律等，引发思考，最终实现学生自我提出问题与解决问题的目的，为课堂教学具有针对性、为探究与解决问题奠定基础，且故事的冲击感让学生更有兴趣去学习新知识[3]。对于这种方法的具体应用，如表 2-1 所示。

表 2-1　过程启发式教学法的应用

教师活动	学生活动	设计意图
通过视频展示门捷列夫通过一系列研究发现了元素周期律，并对元素镓性质预测的故事，将元素周期律在日常生活中的广泛应用体现出来。提问学生是否对这个规律感到好奇呢？引出本节课的内容	观看视频，对老师提出的问题进行思考，并对接下来所学的内容有一定的了解	用化学史实来导入新课，更有利于提高学生对内容的兴趣，同时提出的问题也会引发学生的思考
展示课件，给出之前学过的 1～18 号元素的核外电子排布图。通过解释核外电子数与原子核能量的关系以及电子层的稳定性等，提出关于核外电子规律的疑问	通过给出的电子排布示意图，自行总结关于核外电子排布的规律	引导学生从核外电子的已有知识去总结关于核外电子的规律。展示电子层模型示意图，给学生感性认识，更易于理解电子的分层排布
利用课件展示 1～18 号元素的原子最外层电子数目的折线图，并总结具体规律	观察思考、分析归纳，并初步认识对规律的总结方式	学生主动寻找规律，总结规律，更好地建立起"位构性"的关系模型
通过对已有知识的复习和总结，进一步概括出元素周期律，并让学生根据之前所学，包括原子序数、原子半径、最外层电子数等，对元素周期律进行合理解释	学生进行思考，通过选定的方向，对自己的选择提出问题，并进行规律的总结，做出合理解释	对已有知识的复习可以更好地将其与新知识相联系，进而在新旧知识之间建立新的思维模型。根据过程启发式教学法，从教师向学生提出问题，升华到学生自己发现问题，并进行解答。可以有效提高学生对问题的认识

2.3 元认知教学法在原子结构和元素性质教学中的应用

在学习过程中应不断地提高对方法的把控，应用最行之有效的方法来达到对问题的清晰认知。元认知教学主要分为三个方面，分别是计划、监控和调整[4]。通过学生的计划与监控来实现对问题的有效思考，利用调整策略来完善学习方式。在教学过程中，元认知教学应用的方向有很多，通过元认知的教学模式，可以让学生对知识的科学本质领悟得更加透彻，同时可以有效提高学生的思考能力和创新思维能力。好的方法可以对以后的学习起到促进作用。

在元素周期律的学习中，对具体知识总结过后，一些学生在习题应用上并不熟练，也不能学以致用，在遇到这种问题时，可以采用元认知的方法，让学生对知识反复推敲，并选用更实用、更有效的学习方式[5]。在元素周期律的学习上，可以采用帮助学生重新思考、梳理总结、建立思维导图的模式。依据教材内容，结合元认知教学法，明确教学目标及重难点，如表 2-2。

表 2-2　教学目标及重难点

主题名称	元素周期律
教学目标	① 了解元素在周期表中的位置，并学会总结电子排布和原子半径的规律 ② 元素周期律的思维构建
重难点	重点：元素周期律的认识 难点：原子半径的分析

教学设计中利用图表分析和数据处理进行原子半径的比较，用数据归纳总结引导学生探索元素的性质和原子结构之间的关系从而归纳出元素周期律实质。同时，在原子微粒半径的大小比较中引导学生进行动手制图，让学生自主选择相应的图形进行绘制[6]，加深印象，提高动手能力，使教学过程更具有启发性、探究性。然后引导学生探索元素周期表中各元素排布的规律，根据元认知的方法引导学生对已有知识进行重建，换个角度对知识重新理解，认识元素周期表的结构组成，了解同周期、同主族元素原子结构的特点。设计如表 2-3。

表 2-3　元认知法教学设计

教师活动	学生活动	设计意图
【引导过渡】前面我们学习了原子的结构，对 1~18 号元素对应的原子核外电子排布进行了分析，并总结了元素的电子排布和原子核外电子之间的关系，我们发现核外电子排布是存在一定的递变性规律的。那原子的半径之间是否也存在递变性规律呢	同学们根据书中的数据和之前的知识总结，以四人一小组为单位进行讨论，总结原子半径变化的规律，并绘制出各原子的半径折线图	通过小组讨论和手绘，可以使学生对原子半径与元素周期表有更深入的认识
 展示同一周期元素原子的半径示意图、同一主族元素的原子半径示意图，让学生比较图中原子半径大小？并总结出原子半径的变化规律	学生根据图表展示，对原子核外电子排布与原子半径之间的关系进行总结。可以得到结论：同一周期元素的原子半径随着原子序数的增大逐渐减小，而同一主族元素的原子半径随着原子序数增大而逐渐增大	图表的展示，让学生更加直观清晰地发现原子半径的周期性递变规律

教师活动	学生活动	设计意图
以上是根据数据总结出来的结论，这种方法更多的是靠记忆，同学们能否从原子结构的角度对原子半径出现的递变规律进行合理解释，从而能更快速地判断不同原子半径的大小	学生思考，讨论，根据原子序数结合原子结构、核外电子排布，发现原子半径递变规律的科学本质，更深入地掌握元素周期律	单纯地靠记忆会使知识变得僵硬，元认知教学法的应用，在已有知识的基础上，换种思维对原子半径的递变规律进行合理解释
首先对同周期元素的原子进行分析，同周期元素的原子核外电子层数是相同的，但随着原子序数的增加，原子核对核外电子的束缚能力逐渐增强，引力增强，所以电子更向原子核靠拢，导致原子整体半径变小。而同族原子，电子层数随着原子序数增加而递增，原子核对最外层的电子束缚能力减弱，所以原子半径逐渐增大	学生整理，理解	多角度理解，并找出自己的认知缺陷，进而改正得到更实用的理解记忆方式
总结归纳，帮助学生更好地理解记忆。用自己的方式总结各方面的知识，包括构建模型、思维导图、本质探索等	对已有知识进行重新规划，建立自己的思维模式	元认知的再次应用，发挥学生的主体性，让学生自己对繁杂的知识进行更深层次的重复认识

2.4 治学型学习法在元素周期律教学中的应用

治学型学习并不是指单纯的治学。治学型学习是作用在学生身上的，主要体现在学习；治学是针对学者而言的，虽然也包括学习，但更主要的是"做学问"，即创造新理论、发现新知识[7]。从个人的发展来看，学者治学时，他们的个人领域兴趣已经形成，在该领域中的知识积累和技能学习已经完成，主要任务是"创新"；学生进行治学型学习的过程，主要任务不是"创新"，而是发展个人兴趣与专长，学习"创新"的方法与态度，为日后的真正治学奠定坚实的基础[8]。

治学型学习法在教学中也有很重要的应用。以元素周期律为例，治学型学习法应用的重点就是引起学生兴趣，并让学生带着兴趣去收集关于元素周期律的各方面资料，各种元素对应的单质及化合物所具有的性质，通过资料来进行科学探究，得出结论。对元素周期律的课标内容以及重难点进行分析，分析结果如表2-4所示。

表 2-4　元素周期律教材分析

主题名称	元素周期律
教学目标	① 理解元素周期律的具体内容 ② 总结并推断元素的性质
重难点	重点：结构决定性质 难点：元素的金属性及非金属性

对于治学型学习法的应用，更多的在于培养学生发现问题的能力，不仅有赖于学生的问题意识和良好的教学氛围，而且有赖于教师设置问题情境的技巧。教师在对问题进行设计时，要重视对学生思维的启发，提出可以引发学生的好奇和探索兴趣的问题，这样才可以更进一步地应用治学型教学方法[9]。设置问题情境时应注意：要在教学内容的关键处和学生容易困惑的地方设疑，这样容易引起学生的思考兴趣和对知识的渴望。具体设计如表 2-5。

表 2-5　治学型学习法教学设计

教师活动	学生活动	设计意图
【引导过渡】截至目前，人类共发现了118种化学元素。生活中的一切物质皆是由元素构成的。随着科学发展，新的化合物还在不断增加。元素的种类很多，化合物的数量更是数不胜数，那在各种元素之间是否存在一种规律呢？近代的化学家们也对这个问题进行了研究	观看视频，对元素周期律的发现史有一定的了解	对元素周期律的繁杂构成有初步的认识，并感受到元素周期律发展的艰辛
【角色扮演】请三位同学分别扮演科学家介绍尚古多的"螺旋图"、纽兰兹的"八音律"、门捷列夫的"元素周期律"。课前布置任务分配三个小组的同学分别查找三位科学家的研究历程，并把研究方法、研究思路以及其中包含的故事用简洁的话语总结出来	让学生深入了解元素周期律的研究过程，查阅大量资料后采取角色扮演的方式进行介绍	教师确立对课堂有帮助的大方向，让学生在课下完成查找资料的工作，角色扮演的方式可以更好地提升学生的兴趣，为接下来学生的治学型学习做好铺垫
【问题讨论】在引起学生兴趣后，提出相关问题：①三位科学家分别是从哪些方面对元素周期律进行探究的，对他们的角度有何看法？②根据之前所学 1～18 号元素，分析该如何实现对元素周期律的探究	【学生总结】①科学家们的方法在当时都是十分先进的，但是由于当时知识的限制，所应用的方法还是过于片面。②对元素周期律的研究大都是通过知识储备和数据来分析总结，建立起联系并提出假说	对科学家们的探索方式有了一定的了解后，可以对查阅的资料进行归纳总结，完成治学型学习任务，更好地理解科学本质

教师活动	学生活动	设计意图
【问题质疑】对规律进行总结后，还要对总结的规律进行充分验证，才可以应用。可以根据之前学过的金属元素钠、镁、铝的性质，对我们总结的规律进行检验。引导学生尽可能多地提出研究的思路，通过小组讨论完成自己思路的设计	【学生总结】实验方案主要根据元素的性质进行探究，可以根据金属单质的置换反应对物质的活泼性进行比较，得出金属性的强弱。也可以根据钠、镁、铝与盐酸反应，观察反应的剧烈程度来判断元素金属性的强弱[10]。记录实验现象、结论	开始治学型学习指导法的应用，根据学生收集整理的资料，对数据进行分析总结归纳
【问题质疑】是否还有其他的方法也可以对金属性进行探究呢？老师展示给大家的钠、镁、铝最高价氧化物的水化物的碱性强弱，也可以用来判断金属性的强弱，大家分析一下是如何判断的	【学生总结】钠、镁、铝最高价氧化物的水化物碱性逐渐减弱，所以金属性也逐渐减弱	对学生没有研究到的方向，及时进行补充，在给学生新方向的同时，也完成了对知识的丰富
【信息提供】在之前对非金属元素的学习中，我们了解到非金属元素与氢气结合生成的气态氢化物越稳定，该元素的非金属性就越强。还可以从哪方面考虑？根据刚才老师提供的金属性的规律信息，还可以试着总结，某元素的最高价氧化物的水化物酸性越强，其非金属性就越强。还有什么更实用的判断方法呢？	【学生活动】设计氯、溴、碘元素的非金属性强弱比较，根据老师提供的方向，探究出规律，并进行检验方法的设计，验证规律的正确性。应用规律比较分析硅、磷、硫、氯的非金属性 【归纳总结】11～17号元素随着原子序数的递增，元素非金属性逐渐增强	本环节采用先独立思考，后小组讨论寻找最优方案的策略，把学生从过去被动接受转化为主动探索，并通过资料分析、概括总结、实验验证、观察辨析来推理、判断，建立严密的理性思维模式

2.5 分析及建议

2.5.1 调查问卷分析

为了更好地研究和分析研究性教学的应用效果，专门对某高中进行了问卷调查分析。问卷具体内容放在了本章附录中。对几个代表性问题统计如下：

① 你喜欢研究性教学的学习方式吗？（结果见图 2-1）

A. 特别喜欢　　　　B. 喜欢　　　　　　C. 一般　　　　　　D. 不喜欢

② 新的教学方式对你学习化学有帮助吗？（结果见图 2-2）

A. 非常有用　　　　B. 有用　　　　　　C. 没用

③ 你希望研究性教学中可以增加些什么内容？（多选）（结果见图 2-3）

A. 化学故事　　　　B. 课本内容　　　　C. 实验探究　　　　D. 小魔术

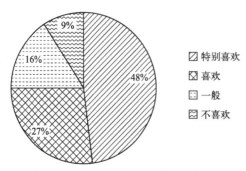
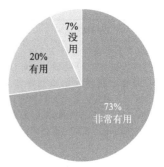

图 2-1 研究性教学方法受欢迎程度　　图 2-2 研究性教学方法实用性的比例

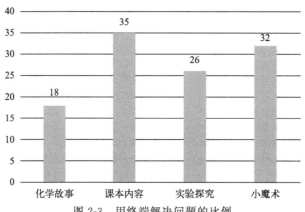

图 2-3 用终端解决问题的比例

通过数据分析发现，喜欢研究性教学学习方式的人数达到 91％，不喜欢的 9％，故研究性教学还是受到大部分学生的喜爱。在调查研究性教学是否对化学学习有用时，93％的学生认为研究性教学方法对化学学习有帮助。大部分学生认为研究性教学在应用时将重点放在课本内容上，同时还希望在应用研究性教学过程中穿插故事、电影、魔术小视频等，这样能激发学习动力。

2.5.2 评价分析

对部分高中化学教师和学生进行了访谈，并对访谈结果加以整理，应用效果反映如下。

教师的评价分析：

① 研究性教学在应用内容上可以更丰富一些，帮助学生丰富课外知识。

② 学校应该为研究性教学方法的应用提供更多的物质基础。

③ 在教学方法的选择上要具体到每一个问题，根据不同的问题来应用不同

的方法可能会有更好的针对性。

④ 在学生创新能力的培养上要落到实处，重视问题的思考方法和思路，同时帮助学生找到合适的学习方法。

学生的评价分析：

① 有助于提高学生的学习效率，尤其是在问题的理解上，更容易找到合适的解决办法。

② 新颖的上课模式更容易提升学生的兴趣，同时对知识的探索发现会使学生有获取知识的成就感。

③ 研究性教学可以更好地帮助学生把握重难点，对科学本质的理解和掌握正确的学习方法，会让学生对知识的整体性和规范性有更深的理解。

2.5.3 建议

经过对研究性教学设计研究的分析，对于研究性教学笔者有了更加深刻的理解和全面的把握，也对元素周期律这一部分内容的教学有了更深刻的认识，并对研究性教学方法应用和课程设计提出几点建议。

（1）基于学生的学情合理安排教学方式

每一个学生都存在性格特征和个性差异，他们对新知识的认知、接受能力是不同的，具体的教学方式也是要做到因人而异。在实际的教学过程中，我们要结合教学的实际情况，具体问题具体分析，充分贯彻因材施教的教学原则。不要为了自己的方便，把一种教学模式应用于所有的学生，留意学生课堂的反应，选取能够使学生的学习效果达到最大化的教学模式，让学生对知识结构的掌握更加透彻。

（2）发挥学生的主动性

学习是体验性的过程，要让学生在元素周期律学习的过程中主动进行知识的构建。有些教师直接把知识灌输给学生，学生在学习时就会有死记硬背的弊端，或者简单片面地贴上科学探究的标签，实则仍为知识灌输，这种换汤不换药的形式是不正确的。例如在学习元素周期律时，学生之前已经学习了元素周期表、物质结构等知识，对微观化学有了一定的知识经验，基于这些，学生可以结合自身的知识储备，对新知识进行构建，进行新规律的总结。教师则主要起到辅助作用，引导规划好大方向，但是必须要有限度，要避免知识灌输，积极发挥学生的主动性，参与知识的构建，帮助学生理解其科学本质。

（3）注重学科教育与人文教育相结合

化学是一门基础的自然学科，它无时无刻不出现在我们的生活当中，凝聚着厚重的人文价值。就像元素周期律这部分内容，不仅要让学生了解到相关知识，还要让学生领悟科学家对待科学实事求是的态度，感受到这种孜孜不倦的探索精神，这对塑造学生的坚毅人格具有重要的意义和作用。所以在教学过程中，一定要贯彻学科教育与人文教育相结合的原则，倡导在教学过程中开发化学教育中蕴含的人文教育内涵，全面提升学生的科学素养。

通过对研究性教学方法以及其在元素周期律教学中的应用进行分析，得出以下结论：

① 研究性教学方法应用的重点是对学生自主探究能力的把控，教师的引导和帮助让学生在思路正确的情况下，掌握系统的学科知识，同时也会培养学生的实践能力和创新精神。应用研究性教学方法可以达到很好的教学效果，并对学生以后的学习有积极的作用。

② 过程启发式教学法更注重对问题的设计，这在整个高中的教学过程中也起到很重要的作用，由教师引导到学生自我启发，是该方法应用的重点。如在元素周期律学习中，通过对之前知识的总结，引发学生对规律的好奇，进而从某一方面提出问题，进行规律总结，可以很好促进学生的思考和创新。

③ 元认知教学法的重点是对已有知识的重复推敲，应用于教学中可以很好地培养学生对待科学的严谨性，并让学生对方法的认识更透彻。教师需要指导学生进行学习方法的选择和应用，通过不同方法认知问题，达到对知识科学本质的深刻理解。

④ 治学型教学指导法最注重对兴趣的引导，有了兴趣才可以对问题进行探究，所以在教学过程中要通过历史故事、生活常识来引起学生兴趣，还要加强学生资料查询、资料整合的能力。治学型教学指导法要对学生的治学思想提出要求，注重自主探究、创新思维的培养，让学生切实体验到治学的收获。

参考文献

[1] Zhang Q，Zhang Q，Sornette D，et al. Early Warning Signals of Financial Crises with Multi-Scale Quantile Regressions of Log-Periodic Power Law Singularities[J]. PLOS ONE，2016，11(11)：1-43.

[2] 王晓峰,冉鸣.利用思维导图辅助"元素周期表与元素周期律"教学[J].中学教学参考,2013(35):74-75.

[3] 张家治.化学史教程[M].太原:山西教育出版社.2004:100.

[4] 盛根玉.门捷列夫发现元素周期律的历史考察[J].化学教学,2011(5):65-69.

[5] 何法信.元素周期律的发现和门捷列夫的科学思想[J].曲阜师范大学学报(自然科学版),1991(3): 100-104.

[6] 江玉安.实践课程新理念的一种探索——从《门捷列夫与元素周期律的发现》网络化教学谈起[J].化学教

育,2004(3):23-26.

[7] 胡久华.对化学2教科书中"物质结构　元素周期律"的分析研究[J].化学教学,2010(7):35-39.

[8] 赵玉玲.3个版本《化学2》教材比较研究及教学建议——以"元素周期律"为例[J].化学教育,2010(8):18-20,27.

[9] Erduran S. Breaking the law: promoting domain-specificity in chemical education in the context of arguing about the periodic law[J]. Foundations of Chemistry, 2007, 9(3): 247-263.

[10] 李春燕,张礼聪,孔琴飞."任务驱动"促进化学核心素养发展——"元素周期律"教学设计[J].化学教与学,2017(7):73-76.

附录　研究性教学应用效果调查问卷

同学你好:

　　我是你们的实习化学老师,我们一起学习了近一学期的化学课程,相信你们对我的教学方式有了一定的了解,在元素周期律的学习过程中,相信大家对化学故事和探索知识的模式记忆犹新,这种学生自主探索、自主创新的方式叫作研究性教学模式。那老师在这里麻烦大家填一下这张关于研究性教学的调查问卷,了解下大家对这种教学模式的看法。

班级:　　　　　　　　　　　　　　　　　　　　　性别:

①你对研究性教学了解吗?(　　)

A.非常了解　　　　B.了解　　　　　　C.一般　　　　　　D.不了解

②研究性教学对你的化学学习有帮助吗?(　　)

A.非常有用　　　　B.有用　　　　　　C.没用

③如果你在化学学习中遇到困难你会怎么做?(　　)

A.请教老师　　　　B.请教同学　　　　C.利用网络　　　　D.自己思考

④在家里学习你是否使用电脑、手机等查询资料,分析解决疑难问题?(　　)

A.经常用　　　　　B.很少用　　　　　C.不用

⑤你希望研究性教学的内容包含什么?(多选)(　　)

A.化学故事　　　　B.课本内容　　　　C.实验探究　　　　D.小魔术

⑥与学校课堂相比,研究性教学最吸引你的是什么?(　　)

A.视频短小,学习时间缩短,效率提高

B.图片、音乐等多媒体手段形式丰富

C.观看方便,可随时用手机或电脑播放

D.没有吸引我的

⑦你更期待研究性教学应用于哪些环节?(多选)(　　)

A.预习新课　　　　B.课堂学习　　　　C.课后复习　　　　D.其他

⑧ 你希望研究性教学以哪种形式呈现？（　　）

A. 真人讲解　　　　　B. PPT 演示　　　　C. 卡通动画　　　　D. 课堂实录

⑨ 你平均每周上网查询资料时间是多少？（　　）

A. 3 小时　　　　　　B. 3～7 小时　　　　C. 7～10 小时　　　　D. 10 小时以上

⑩ 你认为研究性教学最吸引人的是什么？（　　）

A. 趣味性　　　　　　　　　　　　　B. 知识点集中，针对性

C. 易于理解　　　　　　　　　　　　D. 没有吸引

⑪ 你认为化学研究性教学培养了你哪方面的能力？（　　）

A. 基础知识的获取　　　　　　　　　B. 基本技能的培养

C. 综合能力的提高　　　　　　　　　D. 创新思维的培养

⑫ 如果今后经常使用研究性教学进行化学学习，你希望研究性教学的哪部分应得到加强？（　　）

A. 重难点的讲解　　　　　　　　　　B. 与考试相关的内容

C. 生活相关的课外知识的拓展

⑬ 你能接受的研究性教学时长是多少？（　　）

A. 5 分钟以下　　　B. 5～10 分钟　　　C. 10～15 分钟　　　D. 15～20 分钟

⑭ 您愿意利用"研究性教学"进行课后复习吗？（　　）

A. 觉得有效，会用　　　　　　　　　B. 有效，但费时不会用

C. 一般，更愿意用笔记复习

⑮ 如果让你设计研究性教学，你认为以下哪一项你不需要重点关注？（　　）

A. 教学重难点　　　　　　　　　　　B. 学习者兴趣

C. 学生生活经验　　　　　　　　　　D. 学生的技术水平差异

⑯ 你是从哪里接触"研究性教学"的？（　　）

A. 老师　　　　　B. 同学　　　　　C. 网络　　　　　D. 其他

⑰ 你喜欢研究性教学的学习方式吗？（　　）

A. 特别喜欢　　　B. 喜欢　　　　　C. 一般　　　　　D. 不喜欢

⑱ 你对"研究性教学"的建设以及应用有哪些问题和建议？如有请写在下面。

感谢大家对问题的积极回答，为保证资料的完整和翔实，请大家翻看一下问卷，检查一下是否有填错、漏填的部分。希望大家在以后的学习中多多重视研究性教学的应用，更好地发挥自己的创新思维。

第3章

研究性教学在物质的量教学中的应用

化学是一门从本质上考察物质的组成、性质、结构，在分子和原子水平上改变物质的结构、创造新物质的自然科学。而研究性教学存在多种教学类型和教学方式，如表 3-1 所示，不同于传统的"教师讲，学生听"的教学方式，研究性教学是更好地培养学生创新精神和实践技能的一种途径。

表 3-1　研究性教学类型

分类标准	类型	描述
教师从事研究性教学的渠道与途径	"专门性的"	通过建立独立于普通课程的课程体系，教师负责指导课程设计，监控和评价研究性课程，引导学生开展研究性教学
	"渗透性的"	将研究性教学的理念、研究性教学的意向、研究性教学的思想渗透到日常的课堂教学中
探究课题答案是否固定	"完全开放的真探究"	学生们必须充分参与这门学科，进行真正的研究活动，寻求未知的答案或结论
	研究性学习的科学性	发现问题，提出问题，分析问题，提出假设，收集信息，检验假设，得出结论
学生探究领域或探究题材	人文社会领域的探究学习	研究性教学的三维目标具体表现为情感、思维和科学精神
	设计与制作领域的探究学习	素材→设计→制作→评价

本章以人教版高中化学必修 1 "物质的量"的教学内容展开研究，以高一学生为研究对象，开展研究性教学实践。在高中化学"物质的量"的知识内容教学的基础上，利用研究性教学理论，探讨研究性教学在"物质的量"教学中应用的可行性，设计可行的教学案例。让学生在"物质的量"的研究性教学过程中，不仅达到掌握知识的目的，同时还可以提高对化学学习的兴趣，培养研究性的思维与能力，培养创新精神。

选取了两个切入点进行教学，即"物质的量的单位——摩尔"和"气体摩尔体积"。在物质的量概念的教学中联系生活实际创设情境辅助教学，帮助学生理解物质的量的概念，用海洋球和硬币类比联想，通过硬币的计算、海洋球数目的测量帮助学生感受分子、原子等微观粒子庞大的数量。在认识了物质的量的概念之后，通过问题巩固新知："物质的量以 6.02×10^{23} 个微粒为一个单位，那么可以以克为单位吗？"在"物质的量的单位——摩尔"的教学内容中应用研究性试题的实施模式，学生结合教师所给资料，分别计算以克为单位时原子微粒数和以微粒数为单位时原子质量的关系，通过计算的方式检验物质的量与微观粒子数之间关系存在的合理性，同时加深学生对物质的量概念的理解。

在"气体摩尔体积"的教学中设计导学案，引导学生完成实验，并根据实验现象得出结论、完成作业，初步构建知识体系。笔者设计了两种方案进行教学：

一种是为期一周的实验教学，学生分组选好各自的研究课题后自由讨论、设计方案、进行实验；一种是在本学期开始之初便逐渐布置任务，通过阶段性任务逐渐递进，帮助学生建立起有关物质的量的概念体系。在气体摩尔体积的教学中，学生通过实验理解固体、液体、气体的物质的量与体积的关系，从而达到认识气体摩尔体积的目的。

3.1　教材分析及学情分析

3.1.1　教材分析

人教版新教材将"物质的量"的教学内容放在了化学必修一第二章"海水中重要元素——氯和钠"第三节，单元名也由"化学计量在实验中的应用"改为"物质的量"。学习了物质的量的相关内容之后，有助于学生从微观的角度理解离子反应和还原反应，有助于学生在高中化学学习的基础上，提高化学基本素质，重点推进"科学关系与社会责任""宏观识别与微观分析""科学研究与创新意识"[1]。在学习的过程中，同学们初步学会通过各种手段收集信息，对物质的性质、概念等提出可能的假设并予以验证；发现并提出有研究价值的问题，合作完成探究实验设计并优化实验方案，培养创新精神与思维。

鲁教版教材"物质的量"的教学内容中设置了很多适合学生探究的小模块，在"物质的量单位——摩尔"处设置了"联想·质疑"，有助于铺设情境，提出问题，引入新课，为学生接下来的探究学习做好铺垫；还设有"交流·研讨""迁移·应用"等活动性栏目（如图 3-1 所示），有利于学生进行自主探究和开展合作学习[2]。

3.1.2　学情分析

调查发现很多学生在初中时化学成绩不错，但是进入高中后，尤其是在学习了"物质的量"的内容之后，明显跟不上教学进度，对课堂内容的理解也出现了更多的困难。由于每个学生之间存在差异性和不平衡性，大家对于知识的理解与吸收能力是不同的，虽然同一章节中重点是相同的，但是对于学生来说，每个人知识理解的难度是不同的[3]。通过学情分析以及查阅相关文献，总结学生学习困难的原因并结合自己对教学的理解，大体得出学生学习困难的原因有以下几点[4]：

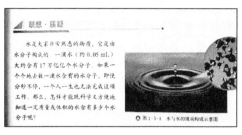
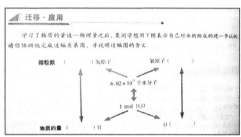
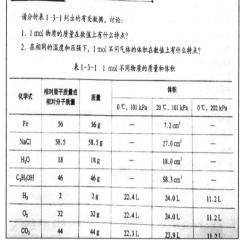

图 3-1　鲁教版化学教材部分活动栏目

（1）学生对学习目的不明确

学生在学习新课之前，没有进行预习，不明确本节课重点与难点，不知道本节课应该掌握什么，只是随着老师讲解学习，缺少自己思考。

（2）对学习没有产生兴趣

"物质的量"是一个十分抽象的概念，学生在学习时很难理解。如果教师的引课没有引起学生对"物质的量"相关知识学习的兴趣，学生很难进行自主学习、交流合作等课堂活动，影响对本节课知识的掌握。

（3）部分学生的适应性较差

"物质的量"的教学内容属于高一化学必修一的知识点，有些学生刚刚从初中升入高中，对于高中知识存在畏难情绪，且接受能力较差，情绪不稳定，波动较大。还有些学生可能将自己的注意力过多地放在人际交往与生活中，上课容易走神，注意力不够集中，没有真正参与到课堂活动中。

结合学生的学习情况和教材分析，本文选取了"物质的量的单位——摩尔""气体摩尔体积"两个切入点进行研究性教学设计。

切入点一：物质的量的单位——摩尔（如表3-2所示）。

表 3-2　物质的量研究性教学设计

教学目标	知识与技能	1.理解"物质的量"这个物理量及其单位——摩尔 2.认识物质的量与微粒数之间的关系
	过程与方法	通过对物质的量概念的理解，从定量的角度去认识物质。体会定量研究法对化学学习的重要作用
	情感态度与价值观	在解决问题的过程中，体会化学微观表征的重要性，并建立起学习的兴趣和自信
教学重点	物质的量和微粒数之间的相互转化	
教学难点	物质的量的概念	

切入点二：气体摩尔体积（如表 3-3 所示）。

表 3-3　气体摩尔体积研究性教学设计

教学目标	知识与技能	1.复习并巩固对物质的量概念的理解 2.认识气体摩尔体积
	过程与方法	在学生自主探究学习过程中培养其分析问题能力和创新精神
	情感态度与价值观	通过对气体摩尔体积的探究过程，培养学生善于思考的学习态度，引导学生逐步形成透过现象看本质的求实思想
教学重点	气体摩尔体积的概念	
教学难点	固体或液体体积的决定性因素	

3.2　研究性教学在物质的量及其单位教学中的应用

情境导入一

【引课】2021 年，某银行出纳员在工作中遇到了一个难题：有人运了 50 袋、总重量接近 1 吨的硬币来柜台存钱（如图 3-2 所示）。当问到这些硬币是从何而来的时候，存款者笑得有些无奈地说："这个文化传媒公司有一个项目，在某景点做了个许愿池，这些硬币是从许愿池里捞起来的。"如果你是银行柜员，面对如此多的硬币你打算如何计数？

【学生讨论】五人一个小组，小组间进行思考、讨论，得出确定硬币数量的方法。

【表达交流】讨论结束后每个小组选派一个代表发言，讲出本组计算硬币数量的方法。在学生表达过程中，教师对学生提出的方法进行分析；可行方案的可

图 3-2　硬币

行之处在哪里；不可行方案的不可行原因是什么；最后确定计算硬币数量的可行方法。

【教师总结】通过同学们的交流，最终得出计算硬币数量的两种方法。第一种方法，依次点数，需人工清点，耗时耗力。第二种方法，称重。首先将硬币放在分拣机中，将同一类型的硬币放在一起，称量出空桶的质量 m_1，再称量出同一类型的 1000 个硬币的质量 m_2，最后称量空桶和全部硬币的质量 m_3。显然，第二种计算方法相较第一种更为简单。

情境导入二

【教师】化学让我们从分子、原子等微观角度去认识世界，那么如何能将分子、原子等物质的微观形态生动地展现给大家呢？直到有一天帮忙照看小朋友时，我见到了它——海洋球（如图 3-3 所示）。那一个个小小的圆球不正好可以代表分子、原子吗？在儿童馆里有那么多小球，小朋友跳进海洋球中仿佛是进入了分子、原子的海洋，又好像是缩小版的我们进入了微观世界。

图 3-3　海洋球

游乐场中的海洋球可能有几千万个，计算起来十分麻烦。同学们设想一下，如何才能计算出游乐场中海洋球的大概数目呢？可以和计数硬币用同样的方法吗？（假设每个海洋球的体积相同。）

【学生讨论】按上述分组进行讨论。

【教师】先回答问题——可以用计数硬币的方法来计算海洋球吗？

【学生回答】不可以。海洋球总质量不易称量，所以不能通过称量质量的方法计算数量。

【教师】经过讨论得知通过质量来计算个数是行不通的，那用体积能否计算？

【学生回答】可以。我们把海洋球整齐地放在 $10m^3$ 的箱子中，看看能放下多少个海洋球。把"$10m^3$"视为一个单位，即 $10m^3$ 相当于多少个海洋球，将所有海洋球都装入 $10m^3$ 的箱子中，数出需要的箱子数，用"箱"数乘以"一单位"的数目就能得到游乐场海洋球的总数。

【教师总结】我们通过定义单位可以快速地算出大量物质的个数，把游乐场中的海洋球缩小至原来的 $1/10^8$ 才能得到我们要的微观物质的大小。

过渡：

（产生类比联想）银行工作人员计算硬币数目时是以"1000 个硬币"为单位，计算出 50 袋的硬币的总质量；在海洋球的计数中我们是以"$10m^3$"为单位计算出海洋球的个数。在化学研究中，化学家要确定的是微粒的数目（分子、原子、电子、质子等），但是这些微粒不同于硬币和海洋球，它们太小而且数目更巨大，不方便称量、不易计数。所以，有什么办法可以不通过数数来计算物质中微粒的数目吗？教学活动如表 3-4 所示。

表 3-4 "物质的量"教学过程

教师活动	学生活动	设计意图
新课讲授：已知一滴水约 0.05g，含有的水分子数约为 1.7 万亿个。假设我们不知道一滴水有多少个水分子，现在计数一滴水中有多少个水分子，我可以以"千"分组么？以"百万"分组呢？	学生回答：不可以 分析：因为分子极其微小，一滴水中含有的水分子个数极其庞大，以"千"分组范围太小了，不够计量，以"百万"分组也不能满足	引出新的物理量——物质的量
知识讲解：物质的量是一个物理量，它表示含有一定数目粒子的结合体。符号为 n，单位为"摩尔"，简称"摩"，符号"mol"。国际上规定，1mol 粒子集合体所含的粒子数约为 6.02×10^{23}	看知识点、记笔记 注意："摩尔"是物质的量的单位，用来表示分子、原子、离子、电子等微观粒子	培养记笔记的好习惯

教师活动	学生活动	设计意图
思维引发：我们学习了物质的量，知道了可以以摩尔为单位计量微观粒子数，一滴水（约 0.05g）含有的水分子数约为 1.7 万亿个，以 "$6.02×10^{23}$ 个粒子" 为一个单位可以算出一滴水（约 0.05g）中的粒子数。换一种角度思考，我们能否以 "质量" 为单位，算出 1g 中含有多少个微粒数，以此计算出一滴水（0.05g）中含有多少个水分子。	提出假设，各组根据自己的思路选定主题，分别进行论证 假设一：以一定的质量作为一个新单位 假设二：以一定的粒子数作为一个新单位	学生学会发现问题，并对问题情况作假设，培养学生解决问题的能力
探究过程：教师引导学生交流讨论，分组设计方案，以碳、氢、钠原子为例进行探究。已知：一个碳原子的质量为 $1.993×10^{-23}$ g；一个氢原子的质量为 $1.661×10^{-24}$ g；一个钠原子的质量为 $3.821×10^{-23}$ g（如图 3-4 所示）	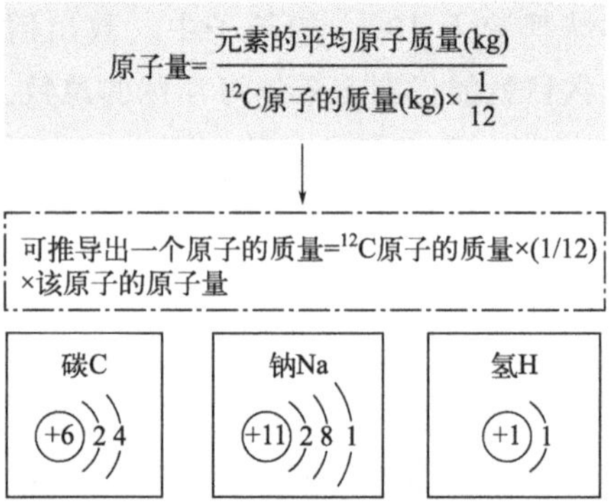 图 3-4 原子示意图	

假设一：以一定的质量作为一个新单位。C、H、Na 原子为 1g 时含有的微粒数，如表 3-5 所示。

表 3-5 质量为 1g 时原子中的微粒数

原子种类	微粒数
C	$5.018×10^{22}$
H	$6.020×10^{22}$
Na	$2.617×10^{22}$

结论：等质量时，不同物质的微粒数不同，没有实际意义，假设不成立。

假设二：以一定的粒子数作为一个新单位。如表 3-6 所示。

表 3-6 原子中微粒数与质量的关系 单位：10^{-23} g

原子种类	1 个原子	10 个原子	⋯	x 个原子
C	1.993	1.993×10	⋯	1.993×x

原子种类	1 个原子	10 个原子	⋯	x 个原子
H	0.1661	0.1661×10	⋯	0.1661×x
Na	3.8211	3.8211×10	⋯	3.8211×x
质量比	12：1：23	12：1：23	⋯	12：1：23

由表中数据可以发现微粒数相同时各原子质量比相同，且刚好是它们原子量之比。

取上述与质量比相同的质量，计算出原子中微粒数，如表 3-7 所示。

表 3-7　原子质量与微粒数之间的关系

原子种类	质量/g	微粒数
C	12	$6.02×10^{23}$
H	1	$6.02×10^{23}$
Na	23	$6.02×10^{23}$

可以得出结论：等微粒数时，不同物质之间的质量比为原子量之比。

知识讲授：通过探究发现把质量视为一个单位计算不同物质的微粒数是不成立的，而将一定数目的微观粒子的集合体视为一个单位是合理的。

通过探究过程我们对物质的量的概念理解更加深刻。物质的量是一个物理量，是七个国际单位制基本单位之一（如图 3-5 所示），它表示含有一定数目粒子的集合体，符号为 n。国际上规定，1mol 粒子集合体所含的粒子数约为 $6.02×10^{23}$，1mol 任何粒子的数目为阿伏伽德罗常数，符号为 N_A，$N_A = 6.02×10^{23} \text{mol}^{-1}$。

量的名称	单位名称	单位符号
长度	米	m
质量	千克(公斤)	kg
时间	秒	s
电流	安[培]	A
热力学温度	开[尔文]	K
物质的量	摩[尔]	mol
发光强度	坎[德位]	cd

图 3-5　国际单位制七个基本单位

物质的量 n、阿伏伽德罗常数 N_A 与粒子数 N 之间的关系：

$$n=\frac{N}{N_A}$$

对下节课的启示：根据假设二的结论，我们知道了 1mol 任何粒子集合体都含有 6.02×10^{23} 个粒子，而 1mol 任何粒子或物质的质量以克为单位时，其数值又存在哪些规律呢？请同学们查阅资料，做好下节课的预习。

3.3 研究性教学在气体摩尔体积教学中的应用

针对气体摩尔体积的学习内容设计了两种教学方案：一种是为期一周的研究性学习，在一周的时间之内学生选择研究课题，设计方案，进行实验得出结论；另外一种是考虑到现在很多学校为了跟进教学计划、应对高考，通常不会用一周的时间进行研究教学，可充分利用课余时间，把教学内容中的探究实验作为小任务留给同学们自行研究，将教学内容提前、逐步渗入，在气体摩尔体积教学时可以将实验结论直接引入教学。

（1）案例设计一

教学环节：

选择研究课题阶段：   将课题详细划分为"体积（气体、固体、液体）与物质的量之间的关系"，帮助学生选择各组的研究课题并进行分组讨论

↓

方案设计阶段（2 天）：   每组利用两天的时间设计实验方案，各组成员分享自己的思想与观点，最终设计出可操作的实验论证方案

↓

课题实施阶段（2 天）：   学生在两天时间内准备实验仪器、药品等，按设计方案开展实验，观察并记录实验现象，得出实验结论

↓

课题总结阶段（1 天）：   各组交流展示，教师通过各小组在验证过程中发现的具体问题以及结论进行分析，开展气体摩尔体积的教学

探究过程：如表 3-8 所示。

表 3-8　气体摩尔体积的教学过程

教学过程	学生活动		设计意图
选择研究课题阶段	气体分子间距较大，外界条件（如温度、压强）改变时，很容易引起分子间距的改变而导致体积的改变。液体和固体分子间紧密接触，一般有固定的体积。气体体积我们不陌生，可是为什么要加上摩尔二字呢？回顾原子数（N）与物质的量（n）、质量（m）与物质的量（n）之间各有什么数量关系？并想一下，能否利用 n 来求体积（V）	思考、讨论 将课题扩充为"体积（气体、固体、液体）与物质的量之间的关系"	建立认知冲突，加深学生对气体摩尔体积的认识和理解，提出问题引发学生思考
实验方案设计阶段（2天）	课题分为三个研究内容，分别是气体体积的测量与计算、固体体积的测量与计算、液体体积的测量与计算 引导学生自由分组，每组成员自行推荐选出组长，根据各自情况选定适合自己组研究的课题，不可重复。各组讨论并设计出课题实施方案 思维引导：通过我们之前学习的 m、M（摩尔质量）与 n 之间的数量关系，结合物质的密度（ρ）公式 $\rho = m/V$，可以推导出 $V=nM/\rho$	各组成员分工明确，负责计划实施中的某一项操作。如在实施过程中可以有人负责计算，有人负责实验的器材准备，有人负责实验的具体操作，还有人负责现象记录、分析等 ① 负责气体体积测量与计算的小组通过水电解实验，证明在相同条件下，不同气体之间的体积关系，再结合计算的结果进行分析 ② 负责固体体积测量与计算的小组选定 Fe 和 Al 进行实验。根据公式 $m=nM$ 先算出 1mol 的 Fe 和 Al 的质量，将 1mol Fe 和 Al 放进水中，根据排出水的体积求得固体的体积分别是多少 ③ 负责液体体积测量的小组选用 H_2O 和 H_2SO_4 作为实验对象，根据公式 $m=nM$ 算出 1mol 的 H_2O 和 H_2SO_4 的质量，称取对应质量的液体倒入量筒中，可得到两液体的体积	培养学生查阅资料的能力，同时还有助于学生团结合作思想的养成。在探究、解决、分析问题的过程中提高学习化学的热情，增强学生学习化学知识的内在动力

教学过程	学生活动	设计意图
课题实施 阶段（2 天）	在这个阶段中，教师以参与者的身份进入学生的实验实施过程中，并对实验中可能遇到的问题给出指导。注意教师是引导者，不是问题的解决者 小组成员按照之前分配的任务进行课题研究	① 气体体积测量组：在准备好的实验器材中给两个电极通入 12V 直流电源进行电解（如图 3-6 所示），2～3min 之后停止通电，观察正负极上产生的气体。正极为 O_2，负极为 H_2，且二者体积比为 1：2。已知电解了 1.8g H_2O，通过计算求得此时 1mol 的 O_2 和 H_2 的体积为多少 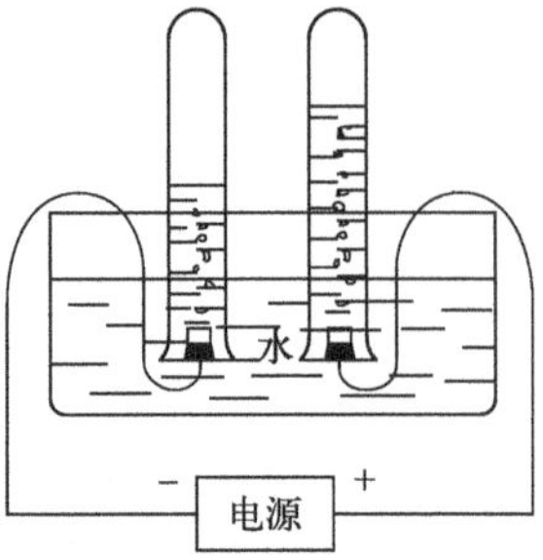 图 3-6　电解水实验 ② 固体体积测量组：通过计算得出 1mol 的 Fe 和 Al 的质量分别为 56g、27g，称取相应质量的 Fe 和 Al 放进水中（全部浸没），将溢出的水收集起来，用量筒测量出其体积，即固体的体积。或直接用量筒作为实验容器，读取放入金属前后的读数，其差值即为金属体积（如图 3-7 所示）。已知在 20℃ 时 Fe 的密度为 7.8g/cm^3，Al 的密度为 2.70g/cm^3，通过公式 $V = nM/\rho$ 对得出的体积进行检验 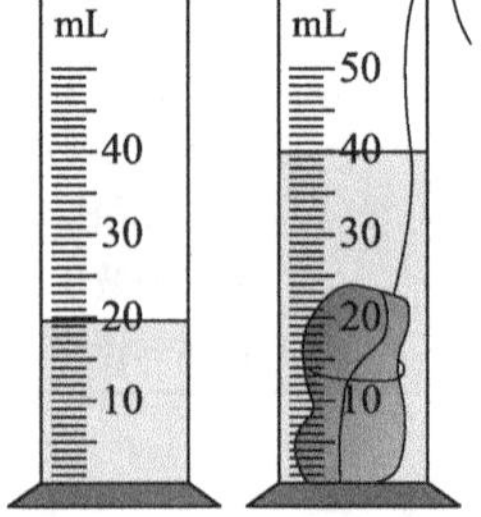 图 3-7　固体体积的测量	小组成员每人都有自己的职责与任务，与传统课堂教学相比，在一定程度上提高了学生的参与度，增强了学习积极性 通过自己设计实验、自己实施实验并获得成功，让学生在研究过程中感受学习的乐趣 在实验中通过计算对实验结果进行检验，提高了学生的综合应用能力，也在一定程度上加深了学生对物质的量概念的理解

教学过程	学生活动		设计意图
	③ 液体体积测量组：计算得出 1mol 的 H_2O 和乙醇的质量分别为 18g 和 46g。取相应质量液体倒入量筒中，二者体积不相等。已知，在 20℃时水的密度为 0.998g/cm³，乙醇的密度为 0.789g/cm³，通过公式 $V=nM/\rho$ 对得出的体积进行检验		
课题总结阶段（1天）	在这个阶段，各组成员将自己方案的实施情况进行汇报，各组之间交流分享经验，进行成果展示	① 气体体积测量组：同温同压下，1mol 气体的体积相同 ② 固体体积测量组：同温下，1mol 不同的固态物质体积不同 ③ 液体体积测量组：同温下，1mol 不同的液态物质体积不同	研究性教学尤其注重研究过程，同时还要注意评价方式的多样性。当学生的实验结果受到老师肯定、赞扬时，会提高学生学习化学的自信心，有利于进一步培养探究意识
	教师对学生在实验中遇到的问题加以处理，总结实验结论进行评价，鼓励同学们要再接再厉		

教师总结：决定物质体积的因素有很多，具体如表 3-9 所示。

表 3-9　影响物质体积大小的因素

决定物质体积的可能因素	决定固体和液体体积的主要因素	决定气体体积的主要因素
粒子的数目	√	√
粒子的大小	√	可以忽略
粒子的间距	可以忽略	√

　　总结：固体和液体微粒之间的距离很小，物质的体积主要由粒子的大小和数量决定，气体微粒之间的距离较大，物质的体积主要由微粒数和微粒之间的距离决定。任何微粒数在 1mol 时都有 $6.02×10^{23}$ 个，所以 1mol 固体和液体的体积不同，气体的体积取决于微粒间距离。

（2）案例设计二

教学环节：

环节一：教师布置导学案作业，学生完成研究课题得出结论。
　　↓
环节二：引入新课，教师指导学生分组讨论。
　　↓
环节三：学生交流展示阶段，初步认识气体摩尔体积的概念。

人教版新教材将"气体摩尔体积"的相关内容编写在了第二章第三节，在进行本节课的学习之前学生有足够长的时间进行实验探究。教师利用导学案给学生布置周末作业，同学们分组讨论，查阅资料设计合理性方案。利用课前部分时间，同学们相互交流，学习之前大家可以针对实验过程发现的问题寻求老师的帮助。每周课题和结论如表 3-10 所示。

表 3-10　课题与结论

项目	第一周	第二周	第三周
研究课题	气体体积的测量	固体体积的测量	液体体积的测量
实验结论	同学们进行了水电解实验，观察现象进行验证，知道了电极正极产物为 O_2，负极为 H_2，且二者的气体体积比为 1：2	以铁和铝为例 铁和铝均不溶于水且不与水反应，分别称量相同质量的固体浸入盛满水的容器中，且外部还有一个容器，可以装溢出的水，固体全部浸没水中时，溢出水的体积就是该固体的体积	测量液体体积时可以直接将待测量的液体倒入量筒中，即可得到溶液体积

以上是对教学过程中可能出现的问题进行的预设，引导学生思考。在教学之前可以根据课堂的实际进度，布置小任务。每个课题都有相应的导学案需要学生完成，什么时间进行哪一个题目，教师可自行安排，由于液体体积的测量相对简单，如果没有这么多课时，这个内容放在课上由同学们讨论即可。

新课讲授：

【教师】气体分子间距较大，外界条件（如温度、压强）改变时，很容易造成分子间距的变化从而引起体积的改变。液体和固体分子间紧密排布，一般有固定的体积。气体体积我们不陌生，可是为什么要加上摩尔二字呢？回顾 N 与 n、m 与 n 之间的数量关系，结合实验结论进行探究。过程如表 3-11 所示。

表 3-11　教学过程

学生分组活动	已知电解 1.8g H_2O，通过公式 $n=m/M$、$\rho=m/V$ 计算求得相同条件下 1mol 的 O_2 和 H_2 的体积为多少	通过公式计算得出 1mol 的 Fe 和 Al 的质量分别为 56g、27g，称取一定质量的 Fe 和 Al 放入水中（全部浸没），此时溢出水的体积就是固体的体积	通过公式计算得出 1mol 的 H_2O 和 H_2SO_4 的质量分别为 18g 和 98g。取一定质量液体倒入量筒中，二者体积不相等
交流表达阶段	同温同压下，1mol 气体的体积相同	同温、同压下，1mol 固体的体积不同	同温同压下，1mol 液体的体积不同
教师总结	相同条件下等物质的量时，液体和固体的体积大小不同，气体体积大小相同		

【教师】气体微粒间距离的大小受什么因素的影响？怎样影响的？

【学生】气体微粒间隔大小受温度和压强影响。温度升高，分子运动加快，分子间间隔变大，体积变大；增大压强，气体受到外界压力的冲击，气体体积减小。

【教师】同温同压时，单位物质的量的气体所占的体积为气体的摩尔体积。符号为V_m。

注意：温度和压强是影响气体摩尔体积的数值的因素。我们通常使用标况（0℃，101kPa）条件下气体的摩尔体积，数值为22.4L/mol。当温度变化为25℃，压强不变的情况下，数值改变为24.5L/mol。

3.4　分析及建议

选取两个切入点进行案例设计，既呈现了课堂教学，也展示了课下探究，但是以上案例设计只是一个大体的教学过程，并没有详细的学情分析，所以教师在开展本节课教学内容的教学之前还需要根据班级的实际情况作出分析，进行调整。"物质的量"的教学内容包含三个方面，本文选取了两个，在学习过程中穿插公式计算的练习以及基本实验操作，希望通过本文的研究不仅能减轻学生"物质的量"学习的难度，同时也能对第三部分"物质的量浓度"的教学内容的开展有一定的帮助。

参考文献

[1] 任小青. 布鲁纳的认知发现学习理论及其对教学的启发[J]. 开封教育学院学报, 2019, 7(4): 154-155.

[2] 李兴华. 人教版高一化学必修一教材分析[J]. 语文课内外, 2018, 32(2): 141-176.

[3] 范作秉. 物质的量教学应用概念转变的相关设计分析[J]. 数理化学习, 2015, 22(12): 50-52.

[4] C Furió, Azcona R, Guisasola J, et al. Difficulties in teaching the concepts of 'amount of substance' and 'mole' [J]. International Journal of Science Education, 2000, December 1(12): 1285-1304.

附 录

附录1 导学案 气体体积的测量

【学习目标】

1.回顾之前的学习，制备气体的实验有哪些？气体如何收集？

2.通过小组讨论、合作设计实验并实施实验，让学生通过实验操作学会气体体积测量的方法。

3.能够与同学合作完成实验，并得到实验结论，主动交流讨论。

【学习重点】

学生通过分析、设计实验，测量气体的体积。

【预备知识】

1.回顾气体的制取实验

（1）氧气的制取实验

（2）电解水的实验

（3）实验室制取氢气的实验

2.考虑气体收集后能否测量其体积？若不易测量，哪个实验对气体体积的表现更为直观？

3.实验进行需要准备哪些仪器、药品？

4.下面这些仪器还认识吗？在做实验时可能会用到哪个？

5.仪器①在使用时有哪些注意事项？

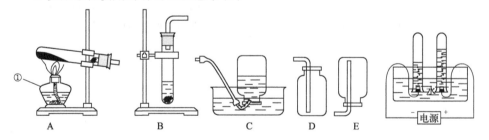

A　　　　B　　　　C　　　D　　　E

附录2 导学案 固体体积的测量

【学习目标】

1.初步培养学生的分析推理能力和探究意识。

2.通过小组讨论、合作设计实验并实践，让学生体验固体体积测量的方法。

3.能够与同学合作完成实验，得到实验结论，主动交流讨论。

【学习重点】

学生通过分析、设计实验，测量固体的体积。

【预备知识】

1.查阅资料，了解 Fe、Al 的密度。在 20℃时 Fe 的密度为 $7.86g/cm^3$，Al 的密度为 $2.70g/cm^3$。

2.根据 $V = m/\rho$ 可以计算已知质量的固体的体积。

3.思考：若不通过计算得出物质的体积大小，你还有什么方法？

【结论】学生独立思考或分组讨论，得出固体体积测量与计算的方法和步骤。

【学生交流】以小组或个人的形式上交实验结论。教师查阅后，利用课前几分钟的时间解决学生在合作中遇到的困惑与难题。

附录 3　导学案　气体摩尔体积

【学习目标】

1.正确理解和初步掌握气体摩尔体积的概念。

2.让学生体验发现问题、分析问题、解决问题的探究性学习的过程。

3.激发和培养学生积极投入、循序渐进求真理的探究意识。

【学习重点】

1.气体摩尔体积的概念。

2.固体或液体体积的决定因素。

【学习过程】

1.回顾之前的任务布置，拿出相应的导学案。我们知道了如何测量一定质量时固体和气体物质的体积大小，液体的体积我们也可以测量出来（用量筒）并且可以通过一定的计算检验。本节课我们从固体、液体、气体的体积与质量之间的关系，学习"气体摩尔体积"。

2.课前预习

（1）从微观角度看，气体的体积主要由____和____两个因素决定，其中____受温度和压强两个外部因素影响，当压强和温度相同时，这个因素基本是相同的。

（2）气体的摩尔体积一般是特指，在____状态下（即指温度为____℃，压强为____个标准大气压，或____ Pa），1mol 任何气体的体积都约为 22.4L。

（3）阿伏伽德罗定律及其推论：在同温、同压下，相同分子数（即相同物质的量）的任何气体，所占的体积均相同。

（4）某温度下，测得 CO_2 气体的密度为 1.96g/L，则该温度下 1mol CO_2 气体的体积是____，该温度下，1mol H_2 的体积也约为____，即该温度下气体的摩尔体积约为____。常温、常压下 1mol 气体的体积应____ 22.4L（填"大于""小于"或"等于"）。

3. 基础巩固

下列说法正确的是（　　）

A. 1mol 任何物质的体积都约是 22.4L

B. 1mol 任何气体的体积都约是 22.4L

C. 标准状态下，16g O_2 的体积约是 11.2L

D. 标准状态下，1mol H_2O 的体积约是 22.4L

【学习小结】复习今天的学习内容，将知识点梳理在笔记本上，并将学习过程中的疑问记录在笔记上。

第4章

研究性教学在化学键教学中的应用

众所周知，高中必修一"化学键"的内容一直是教学的重点和难点。考试中学生普遍在相关试题上失分较高，逐渐产生了排斥、厌学等心理，给教师教学带来了巨大的压力。本章节的主要研究目的是通过探讨研究性教学在高中"化学键"教学中的应用，加深学生对化学键知识的理解，消除学生的畏难情绪，促进学生的科学探究精神以及沟通表达能力等多项技能的发展。高中化学键知识抽象、难于理解，学生对此部分内容大都比较排斥，不愿意学习[1]。另外如何提高学生的创新精神和实践能力是如今教育界关注的焦点。在传统的以讲授法为代表的教学环境下，有些学生总是被动地接受知识，教师推则动，不推则退，这并不利于学生自身能力的提升，易产生惰性心理[2]。笔者希望通过研究性的教学活动，使学生对此部分内容感兴趣，能够更好地理解该部分知识，并能系统地掌握化学键的相关内容，为教师开展化学键教学提供实践证明和理论依据，同时也希望可以进一步促进研究性教学在化学键教学中应用的开展。研究性教学不仅可以帮助学生更好地理解化学键的有关知识，而且有利于培养学生的自主探究意识，在与小组成员的交互活动中，增强其团队协作能力以及沟通表达能力，为化学键教学内容的开展提供经验，达到了事半功倍的效果。

本章重点在于应用研究性教学的方法来探讨高中化学中化学键内容的教学设计。离子键与化学键的内容较为抽象，为了达到好的教学效果，教师可以利用研究性教学方法将抽象、复杂的知识转化成学生熟悉的生活化的实例，增强学生对知识的理解[3]。其次，教师可以将抽象知识情境化、拟人化，例如在讲解共价键的类型时，可以将共用电子对是否偏移的问题与天平是否平衡相联系，强化学生对知识的理解记忆。最后教师还可以利用小组讨论的形式让学生从不同方面对离子键与共价键的内容进行对比，以达成巩固知识的目的。希望可以通过这样的形式，真切地帮助学生学到知识，促进各方面能力的培养。

4.1 教材分析及学情分析

4.1.1 教材分析

为了更好地对"化学键"这节课的内容进行教学设计，本小节主要进行了人教版、鲁教版、苏教版教材的对比分析。分别从教材位置、内容呈现顺序、化学键概念呈现、离子键概念呈现、共价键内容呈现以及电子式等方面对比了三本教材的差异[4]。

（1）在教材中的位置

人教版新教材中化学键内容所处位置位于必修一第四章第三节，标题为"化学键"。鲁教版中位于必修二第二章第一节，标题为"化学键与物质构成"。苏教版中其位于专题五第二单元中，标题为"微粒之间的相互作用"。

（2）主要内容呈现顺序

人教版中先是从原子结构的角度讲解氯化钠的形成过程，从而引出离子键的定义，随后以氯化钠为例，总结出离子化合物的概念。通过氯分子的形成过程总结共价键的定义。以氯化氢为例，引出共价化合物的概念。电子式以及分子间作用力的概念呈现在了资料卡片中。

鲁教版中首先利用化学史展示了贝采利乌斯、范托夫和路易斯三位化学家对微粒间如何结合的认识，对氯化钠形成过程的疑问，随后从探讨水发生分解反应消耗能量的角度，归纳出化学键的定义。通过探究氯化钠与氯化氢的形成过程，分别总结出了离子键与共价键的定义。随后给出了离子化合物与共价化合物的概念。

苏教版中首先给学生呈现氯化钠、氯化镁、氯气、金刚石等物质的图片，引导学生思考微粒之间的相互作用具有什么特点。随即给出化学键的定义，通过讲解钠原子与氯原子之间通过电子转移形成氯化钠的过程，得出离子键的定义。通过讲解氯化氢的形成过程，归纳出了共价键的概念以及什么叫作共价分子。

通过对比分析化学键相关内容在不同版本的呈现方式，有利于我们选取优质的教学内容，明确教学重难点，更好地进行教学设计。

4.1.2　学情分析

学生原有的知识结构是学习新知识的基础。学生在学习化学键之前已经学习了元素周期律的相关内容，清楚地知道金属原子与非金属原子的核外电子排布情况，而且在物理学科中也学过同种电荷之间相互排斥、异种电荷之间相互吸引的原理。但是由于学生还处于刚开始接触抽象概念阶段，对一些概念还不能很好理解，因此要求教师运用多种教学手段，如微观动画、多媒体演示、播放视频或图片等，来促使学生对知识有更加深入的理解。同时对于"化学键"内容，教师可以运用研究性教学策略，将相关知识生活化、情境化、拟人化，增强学生对知识的理解，使原本抽象、冰冷的知识变得更加形象具体。

离子键和共价键的这部分内容是高中化学基本理论中的重要组成部分。该部分内容概念多、理论性强、抽象难懂，而且在历年高考试题中学生的失分率普遍偏高。大部分学生在学习这部分内容时都容易产生厌学情绪。但是学生在学习此部分之前已经学习了元素周期表的相关内容，会画元素的原子结构示意图，这对学生日后学习用原子结构表示物质打下了坚实基础。

本章的重点内容主要包括离子键、共价键、离子化合物、共价化合物概念的理解；教学难点主要包括离子键的概念以及共用电子对、极性键和非极性键的理解。很多优秀教师的教学经验都告诉我们，相对有体系的课程内容更容易加深学生对知识的理解，易使学生形成清晰的逻辑结构。图 4-1 为化学键教学中主要的重难点内容。

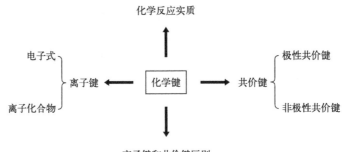

图 4-1　化学键主要内容流程图

结合化学键这部分知识的教学重难点，根据学生身心发展的特点及规律，主要选取了三个方面的内容进行教学设计，分别为：离子化合物的形成过程；共价键的定义及类型；以"NaCl 和 HCl 所含不同化学键的原因"为导向，进一步对离子键与化学键进行对比分析。针对这三个方面的内容，应用研究性教学的方法，如图 4-2 所示，从将抽象知识生活化、情境化、拟人化三个角度进行教学设计，使复杂抽象的知识具体形象，易被学生理解和接受。

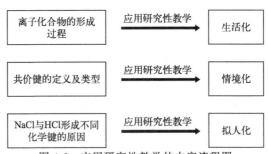

图 4-2　应用研究性教学的内容流程图

4.2　研究性教学在离子化合物的形成过程教学中的应用

离子化合物的形成过程同化学键的定义在性质上类似，对于高中学生来说都比较抽象难懂，学生一般不爱学习这部分知识，容易产生厌学情绪。因此，教师在讲解这部分内容时可以应用研究性教学方法，将抽象知识生活化，恰当内化为具体实例增强学生对知识的理解。教学设计流程如图 4-3 所示，具体教学设计见表 4-1。

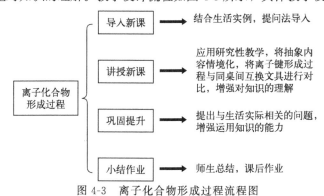

图 4-3　离子化合物形成过程流程图

表 4-1　离子化合物形成过程的教学设计

教师活动	学生活动	设计意图
导入新课：以生活中常见物质食盐为例，提问学生 NaCl 中的 Cl 原子与 Na 原子是如何结合形成离子化合物氯化钠的	学生思考，结合之前学到的 Na 原子与 Cl 原子的核外电子排布进行分析	教师以生活实例进行导入，提问设疑，激发学生的求知欲，引发学生思考
讲授新课：结合学生生活中常见情境进行教学，将抽象内容生活化。一个同学有两个本，另一个同学没有本，怎样让两人都恰好有一个可用的本？	学生认真听老师讲解，展开联想	应用研究性教学方法，将抽象、复杂的内容生活化，消除学生的畏难情绪，激发学习这部分内容的好奇心
巩固提升	同桌之间相互交流、讨论，学生代表发言：要使两个人都拥有本，我可以把多出来的本给同桌，这样两个人就都恰好有一个可用的本 Na（+11）2 8 1 ------> 7 8 2（+17）Cl Na$^+$（+11）2 8　　8 8 2（+17）Cl$^-$ Na$^+$ Cl$^-$	教师创设学生生活中常见的情境，引导学生思考，使抽象知识更容易被学生理解。在相互讨论的过程中，学生不仅理解了知识，而且体会到了分享的快乐 在学生理解了同桌之间相互借用文具的情境之后，顺势引导学生将同桌之间相互借用文具的情境与 Na 原子和 Cl 原子需要得失电子形成稳定离子的过程相联系，增强对知识的理解

教师活动	学生活动	设计意图
	学生小组讨论，从原子结构示意图角度分析得出：Na 原子最外层有一个电子，需要失去电子达到稳定结构，而氯原子最外层有七个电子，需要得到一个电子达到稳定结构，一个想得电子，一个想失电子，联想到让它们之间相互成全即可 学生两人为一小组进行讨论，得出结论	应用研究性教学方法，在教师的引导下，小组讨论，进一步体会离子化合物的形成过程。同时在小组讨论的过程中，也培养了学生的沟通表达能力和合作探究意识
小结作业	师生共同总结	

　　小结：在上述教学设计中，教师通过运用研究性教学方法，将离子化合物的形成过程这种抽象、难于理解的知识类比成学生平时熟悉的同桌两人相互借用文具的情境：将多出来的本给同桌，对于自己而言，失去了一个多余的本，而同桌得到了一个可用的本；自己和同桌都达到了满足学习需求（稳定）的状态——恰好有一个可用的本。这一过程与氯化钠的形成过程类似，Na 原子需要失去一个电子形成稳定的正离子，而 Cl 原子需要得到电子才能形成稳定的负离子，在静电引力的作用下形成了氯化钠。像这样，应用研究性教学的方法，将抽象繁杂的知识生活化，更利于学生对知识的理解。

4.3　研究性教学在共价键定义及类型教学中的应用

　　有了先前学习的离子键内容做基础，教师在讲解共价键的定义时可以类比离子化合物的形成过程，通过创设与实际生活相关的生活化的教学情境，增强学生对共价键的理解。对于共价键的类型这部分知识，学生很容易混淆，对同种元素形成的共价键叫极性共价键还是非极性共价键总是分不清，因此，希望应用研究性教学方法，将抽象内容情境化，增强学生的理解记忆，提高学习效率。图 4-4 为具体流程图，表 4-2 为具体的教学设计。

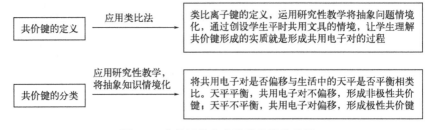

图 4-4　共价键的定义及其分类流程图

表 4-2　共价键的定义和类型的教学设计

教师活动	学生活动	设计意图
教师提问：类比离子化合物的形成过程，大家思考一下，若两人各有一件不同的学习用具，有什么方法，可以使你和同桌同时拥有两种学习用具呢	学生思考后回答：我有本没有笔，同桌有笔没有本，要想同时有笔和本可用，那么我可以共享本，同桌共享笔，本和笔归两人共同所有，这样就同时拥有了本和笔	应用研究性教学方法，将共价化合物形成过程以及共价键这种抽象、难于理解的知识生活化，增强学生学习的趣味性
教师讲解：这种形式就类似于我们所要学习的共价键，即原子之间通过共用电子对形成的相互作用	学生聆听，并仔细体会其中的联系	与离子化合物的形成过程相类比，引导学生发散思维，从多角度分析问题
问题导入：大家思考一下，两原子形成共用电子对时，电子对一定非常公平地在它们中间吗？是否会发生偏移呢	学生思考后猜想：有可能偏移，也有可能不偏移	教师提问设疑，引发学生思考引导学生根据自己的猜想，以4人为一个小组，进行小组交流讨论
教师讲授：其实共用电子对就像是天平左右两边的物品与砝码，天平是否会发生偏移呢？与什么因素有关？ 教师总结：通过以上分析我们可以得出同种元素形成的共价键，共用电子对不偏移；不同元素形成的共价键，共用电子对偏移。我们把同种元素形成的共价键叫非极性共价键，不同元素形成的共价键叫极性共价键	小组讨论：如果物品与砝码质量相等，天平平衡。从而进一步理解，同种元素原子就像是天平左右两边，质量相等，天平平衡，即共用电子对不偏移。对于不同种原子来说，相当于天平左右两边质量不相等，则天平不平衡，共用电子对发生偏移	应用研究性教学法，将抽象、易混淆的内容情境化，使学生在特定的与学习内容相关的情境中感受知识间的相互联系 教师引导学生将共用电子对是否偏移的情况与天平左右两边物品质量是否相等、天平是否平衡等问题相联系，使学生更容易记忆与理解本部分内容，提高学习效率

小结：在讲解共价键的定义时，通过运用研究性教学方法，创设生活化的教学情境，将其与离子化合物的形成过程相对比，引导学生发散思维，想到可以通过共用文具，达到满足需要的目的，从而引出共价键即共用电子对形成的相互作用。使学生在教师的引导下更好地理解知识，同时也丰富了学生的情感体验。在讲解共价键的类型时，由于学生对于同种元素原子间形成的是极性共价键还是非极性共价键很容易混淆，应用研究性教学方法，可以将抽象问题情境化。将同种元素形成共价键及不同种元素形成共价键时，电子对是否偏移的情况与天平左右两边物品质量是否相等、天平是否平衡等问题相联系，不仅加强了学生对知识的理解与记忆，同时使知识不再枯燥，更富有趣味性。

4.4 研究性教学在离子键与共价键比较教学中的应用

学生已经学过了离子键和共价键的内容，根据已有经验，对这两部分知识进行对比分析是为了加强学生对知识的理解，更好地形成知识体系。针对本部分内容，教师首先以问题为导向，探究 NaCl 与 HCl 所含不同化学键的原因。为了解决这一问题，教师通过应用研究性教学的方法，将知识拟人化，把各原子比喻成人，使抽象的知识变得更加形象具体，让学生感受到学习化学的乐趣。随后教师在此基础上呈现离子键与共价键的对比分析的表格，应用研究性教学方法，引导学生小组合作完成表格，不仅进一步加强了学生对离子键与共价键内容的理解，同时培养了学生的合作探究能力。具体教学设计如表 4-3 所示。

表 4-3　NaCl 与 HCl 所含不同化学键原因的教学设计

教师活动	学生活动	设计意图
教师提问：在 NaCl 和 HCl 这两种化合物中，Na 原子与 H 原子都是与 Cl 原子相结合，为什么所含化学键各不相同呢？	学生认真聆听，仔细思考	教师提问设疑，引发学生思考希望学生通过对这两种化合物的不同化学键成因的分析，使学生加深对离子键与共价键的认识
教师引导：可以采用拟人的手法，把各原子都比喻成不同的人，让学生联想到正是每个人自身的性格特点造成了人与人之间的差异	学生自然联想到正是由于 Na 原子与 H 原子在性质上有差异，所以它们在与 Cl 原子结合时产生了不同的化学键	应用研究性教学，将抽象的知识拟人化，让学生感受到化学知识也可以形象具体，增强学生的学习兴趣
教师讲解：Na 原子生性慷慨，它可以把电子直接给 Cl 原子；而 H 原子比较拘谨，它并非拿出一个电子给 Cl 原子，而是与 Cl 原子共用一个电子	学生心想：H 原子怎么这么小气。为什么 Na 原子可以给出电子，而 H 原子不能给出电子呢	将知识拟人化，引导学生思考 Na 原子与 H 原子在性质上的差异，同时增强学生情感态度、价值观等方面的情感体验
教师强调：其实并非 H 原子小气。钠元素是金属元素，钠原子由内到外各层电子的排布数量为 2、8、1，若能失去最外层的 1 个电子，就可以形成非常稳定的结构。所以钠原子失去最外层 1 个电子的趋势非常强烈，反应时首先失去最外层电子形成正离子，然后再与氯离子（氯原子接收了 1 个电子）靠静电力相互吸引形成离子键。而氢元素是非金属元素，虽然氢原子只有 1 个电子，也有失去 1 个电子的趋势，但是它更倾向于获得 1 个	学生认真聆听教师的讲解，并改变了对 H 原子小气的看法，从本质上理解了 NaCl 与 HCl 存在不同化学键的原因	希望通过研究性教学这种方法，促进学生对于本部分知识的理解，使学生在掌握知识的同时，增强情感体验

教师活动	学生活动	设计意图
电子形成核外有 2 个电子的稳定结构；氯原子非常不易失去电子，但它也有 1 个未成对的单个电子。所以最终氢原子和氯原子各自"共享"出 1 个电子生成共价键，形成共价化合物。"稳定存在"是"大势所趋"，所以氢原子可不能随便丢了电子啊		
教师总结：正是因为 H 原子与 Na 原子在性质上的差异，造成了它们在与 Cl 原子结合时产生了不同的化学键	学生对 NaCl 与 HCl 一个是离子化合物，一个是共价化合物的原因有了清楚的认知	应用研究性教学的方法达到了学生理解知识的目的，同时促进了学生多方面能力的培养

通过对 NaCl 与 HCl 这两种化合物所形成化学键的成因进行分析，使学生对离子键与共价键有了更加深入的认识，教师趁热打铁，给学生展示离子键与化学键在不同方面比较的表格，如表 4-4 所示。学生以小组为单位，在教师的引导下，共同完成表格。

表 4-4　离子键与共价键的比较

类别	离子键	共价键
概念	使阴阳离子结合成化合物的静电作用	原子间通过共用电子对形成的相互作用
成键方式	通过得失电子达到稳定结构	通过共用电子对达到稳定结构
成键粒子	阴、阳离子	原子
成键性质	阴、阳离子间的静电作用	共用电子对
形成条件	活泼金属与活泼非金属化合时形成离子键	非金属原子间化合形成共价键（铵盐除外）
存在范围	离子化合物（大多数强碱、盐、金属氧化物）中，如 $NaOH$、$BaSO_4$、CaO、NH_4Cl 等	共价化合物、大多数非金属单质、某些离子化合物中，如 HCl、CO_2、H_2SO_4、N_2 等

小结：本部分内容教师运用研究性教学方法，将知识拟人化。把各原子都比喻成不同的人，让学生由每个人自身的性格特点造成了人与人之间的差异，联想到正是由于 Na 原子与 H 原子在性质上有差异，所以与 Cl 原子结合时产生了不同的化学键，使抽象的知识更加形象，有利于学生情感态度价值观目标的养成。另外，在教师的引导下，应用研究性教学方法，通过小组合作探究的方式对知识进行归纳、整理，充分发挥教师主导、学生主体的作用。

4.5 分析及建议

本章主要研究在讲解离子化合物的形成过程、共价键的定义及类型以及离子键和共价键的比较时应用到的研究性教学策略。

在讲解离子化合物的形成过程与共价键的定义时，运用类比的方法，将离子键与共价键的概念类比成平时学习过程中同桌两人相互借用文具，不仅帮助学生理解离子键和共价键的知识，而且还教会学生分享的道理。随后引用生活中的趣味例子，巩固学生的理解，教会学生要有敢于质疑的精神。真正做到了教师主导，学生主体。

在辨析氯化氢与氯化钠所含键型不同的原因时运用拟人手法，将氢原子与钠原子比喻成人，指出正如每个人都是独立的个体，有不同的个性特征，因此两种原子在与氯原子结合时会有不同的键型，寓知识于情理，加强学生的理解。

在进行离子键与共价键的比较过程中，运用表格，引导学生从多角度对比分析离子键和共价键，通过小组讨论，增强学生的合作探究能力。

尽管在化学键教学设计的过程中有诸多知识点都应用了研究性教学方法，但这些都是理论，仍缺少在课堂中的实践，因此对学生的反馈了解较少，教师并不能确定这种教学方法是否适合大多数学生。在中学的课堂上如何更好地开展研究性教学，需要教师与学生的共同努力。

参考文献

[1] 梁艳. 高中化学"化学键"学习进阶研究[D]. 临汾：山西师范大学，2019.

[2] 吴国锋，李梅，罗玲玲，等. 基于创新能力培养的研究性教学设计与实践[J]. 科技经济导刊，2021，29(3)：156-158.

[3] Raimo Kaasila. From fragmented toward relational academic teacher identity: the role of research-teaching nexus[J]. Higher Education, 2021, 32(7): 1-16.

[4] 相佃国. 不同版本教材对教学设计的影响——化学键教学引发的思考[J]. 化学教育，2012，33(7)：13-16.

第5章

研究性教学在元素化合物教学中的应用

元素的相关基础知识是高中化学中重要的学科主体知识，但由于有关元素以及化合物的知识琐碎繁杂，相关应用规则混沌不清，虽然大多数规律和规则具有一定普适性，但是其中的一些特殊性往往严重地阻碍了高中学生对知识的正确理解。为了让广大中学生更好地理解和学习这部分基础知识，将使用思维导图模式、实验探究以及与生活联系三种教学方式使学生更好地掌握元素化合物的知识。

本章重点通过对研究性教学的分析，重新设计高中化学元素化合物内容的教学方法，使学生更好地接受元素化合物的相关知识，进而对以后的化学学习产生兴趣。通过我们自身的学习经历不难发现，熟练掌握元素化合物的知识对于化学学习非常重要，但是传统的元素化合物教学方法很难让学生对这部分知识产生兴趣，死记硬背的填鸭式教学效果并不理想。新课程教学改革要求我们转换教学方式，通过研究性教学引导学生们联系生活，培养学生动手能力以及思维逻辑，使学生们更好地掌握元素化合物这一复杂的知识内容。笔者将进一步通过研究性教学分析，模拟并展示研究性教学在元素化合物教学中如何应用，通过理论与实际相结合的方式解释研究性教学所提倡的重要理论基础。在课堂中实施研究性教学活动可以有效提高学生的学习兴趣、探究能力和实践能力，更有助于学生建立健康的生活态度。

5.1 教材分析及学情分析

5.1.1 教材分析

（1）元素化合物的课程标准

2017 年版的化学必修课程教学内容没有重新划分选修模块，要求能让学生通过学习常见的各种化学物质，初步认识这些物质的具体化学结构，知道这些化学反应的一般原理，了解它们在工业生产、生活和其他科学技术研究过程中的实际应用。能充分运用自己所学习的知识正确解释人类生产、生活过程中的社会现象，解决与社会有关的一些实际问题，初步树立社会主义可持续发展的指导思想[1]。

（2）元素化合物知识教材内容

高中化学元素化合物内容编写在化学教材必修一的第三章和第四章，如表 5-1 和表 5-2 所示，主要内容包括金属和非金属两部分。

表 5-1　金属及其化合物部分

金属	金属化合物	实验内容
钠、镁、铝、铁、铜	氧化钠、过氧化钠、碳酸钠、碳酸氢钠、氧化铝、氢氧化铝、铝盐、氧化亚铁、氧化铁、四氧化三铁、铁的氢氧化物、铁盐等	铝丝与硫酸铜溶液的反应；镁条燃烧；铜丝与硝酸银溶液的反应；镁条与稀盐酸的反应；钠在氧气中燃烧；钠与水的反应；碳酸钠和碳酸氢钠的性质实验；铝箔燃烧；焰色反应；制备氢氧化亚铁

表 5-2　非金属及其化合物部分

非金属	非金属化合物	实验内容
硅、氯、硫和氮	二氧化硅、硅酸、硅酸盐、次氯酸、次氯酸钠、二氧化硫、三氧化硫、硫酸、亚硫酸、亚硫酸钠、氨气、氮的氧化物（主要研究一氧化氮和二氧化氮）、硝酸等	实验室制取氯气；实验室制取二氧化硫；验证二氧化硫的漂白机理实验；黑面包实验；铜与浓硫酸反应实验；实验室制取氨气；盐酸滴定硅酸钠实验；氢气在氯气中燃烧实验；氯水的漂白作用实验；氯离子的检验实验；氨的性质实验

（3）普通高中化学课程中元素化合物知识内容的安排

课时安排：2003 年版课程标准将高中化学课程分成 5 个模块，2017 年版课程标准将化学课程分为必修课、选择性必修课和综合性选修课三个组成部分。人教版教师必修课教学指导用书将高中化学 1、化学 2 的必修课时安排为 66 课时，其中元素化合物知识内容共 16 课时，约占 24.2%。

教材内容安排：高中化学人教版教材必修一第三章、第四章元素化合物知识内容共设置了 12 个不同的栏目，分别为正文、思考与交流、实验探究、科学探究、资料卡片、实践活动、科学视野、习题、学与问、科学史话、归纳与总结、插图[2]。

通过分析元素化合物内容不难发现，这部分知识内容多且没有固定的规律。因此，在教授这部分的知识时，要努力做到引导学生在更宽广的世界观和学科背景下正确认识自然物质及其变化规律，帮助学生通过知识拓展自己的视野，通过分析，笔者总结了三个研究性教学和元素化合物的结合点，见 5.2 节。

5.1.2　学情分析

（1）联系生活初步认识元素

在教授元素相关知识时，有目的、有意识地与社会生活实际相结合，能充分激发广大学生自主学习的积极性，使学生深刻地感受和认识到元素和化合物的知识与我们的生存和生活息息相关，从而大大提高了教学质量，事半功倍，扩大了学生的知识视野，使学生形成辩证的、综合的化学价值观[3]。

（2）进行实验进一步认识元素

通过实验，培养学生对元素化合物相关知识的浓厚兴趣，提高学生的创造力和科学素养，实现了学生从听你讲—我做，变成我想—自己做，使学生对元素及化合物的记忆更深刻，同时培养动手能力，达到了研究性教学的目的。

（3）通过思维导图掌握理论知识

思维导图是利用发散性的图示来表示思维过程，有助于有序记忆和学习。针对高中化学中元素化合物这部分抽象的实验现象以及繁杂的细碎知识和方程式等问题，将思维导图引入元素化合物教学中，教师应了解思维导图在教学中应用的意义，掌握设计的总体思路和设计实施的具体过程。完整的思维方法导图应用可以有效帮助教师引导广大学生对所学的思维基础知识和思维方法观念进行及时的系统梳理、归纳和分析总结，将各种复杂分散的基础知识点充分地梳理、串联、整合、运用，加深学生的理解和掌握，引导学生反复记忆，优化其日常学习的思维方法[4]。

通过对研究性教学的国内外发展现状的了解，传统性教学和研究性教学相对比，以及对元素化合物教学内容的研究，找到元素化合物和研究性教学的结合点，接下来笔者将从研究性教学联系生活、在实验教学中采用研究性教学方法以及绘制思维导图三个方面来说明研究性教学在元素化合物中的应用。

5.2 研究性教学在生活化教学情境中的应用

为了使高中元素化合物这部分复杂的知识更容易理解，方便记忆，我们可以将这部分知识结合生活，有助于学生体会化学的魅力。实现高中元素化合物知识的教学联系生活，要做到以下几点。

5.2.1 联系实际，适度拓展

生活中，能量、物质、饮食、药物等都离不开化学。在教学中引入化学在生活中的作用，必须把握好"度"。高中化学知识不应该是支离破碎的，而应该是一个丰富的、感性的、有生命的知识体系。合理利用化学史，广泛应用与生活相关的化学基础知识，与化学和实践密切相关的最新知识，以及与化学相关学科的最新科技成果，培养学生的兴趣、智慧、科学精神和人文情怀。通过周围各种化学现象、物质或事实的结合，让所有学生更深刻地理解化学对人类生活的重要作用[5]。常见元素在生活中的应用如图 5-1 所示。

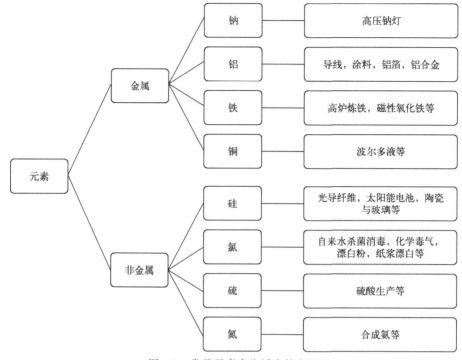

图 5-1　常见元素在生活中的应用

5.2.2　创设生活情境引入教学

良好的课堂导入不仅能激发学生的学习兴趣，而且可以促进教学的顺利进行，如图 5-2 所示。

5.2.3　教学作业生活化

陶行知的生命教育理论实践"教与行合一"，陶行知先生解释道："教学做是一件事，不是三件事。我们要在做上教，在做上学。不在做上用功夫，教固不成为教，学也不成为学。"其实质是把教育的理论和实践与现实生活联系起来，最终实现教与学的统一。陶行知先生曾说过："行是知之始，知是行之成""教学做合一"。只有通过手和脑结合，才能提高学生对知识的实际应用能力，并选择合适的生活案例融入具体的学习中，与其他学生共同分享和学习[6]。

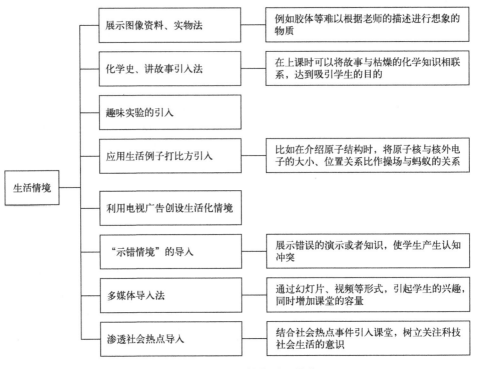

图 5-2　创设生活情境引入教学

（1）课堂练习生活化

由于中国传统文化和应试教育的双重影响，有些学生只希望知道一个题目如何正确解答，知识依靠死记硬背，却不知可以用自己所学的知识和方法准确解释生活中的一些化学现象，所以化学教师在从生活中选取化学知识类习题的时候，要尽量使所学的化学知识与生活应用紧密联系，将与化学基础知识有关的一些社会经济热点或者有趣的生活现象，合理地融入知识类习题中，在生活与应用化学之间搭建这样一座新的桥梁，引导学生通过这座桥更加深刻地体会和认识到化学这门综合性学科的实用性。

通过引导学生阅读和回答，教师可以知道他们对这节课的了解程度。例如，在铁及其化合物的应用中，教师可先向学生提供资料卡片，介绍常用的补铁药物有琥珀酸亚铁、硫酸亚铁，这些药物储存时需要注意遮光和密封，且建议和维生素 C 一起服用，再提问学生：补血剂的储存与服用方式体现了铁元素的哪些性质？

以生活中的现象作为背景，通过与课堂新知识相联系的内容来吸引学生的注意力，感受化学在生活中的重要性和应用的广泛性。同时教师也能充分地从学生们对于题目的理解以及回答上知道学生对知识掌握和理解的程度，清楚学生的综合学习实践能力，有助于引导教师更好地组织设计并开展教学[7]。

（2）课后作业生活化

作业习题是教师帮助学生巩固基础知识和培养能力的一个重要途径，有的教师会选择使用题海战术，这种做法违背了最基本的优化课堂教学的基本原则，花大量的精力和时间却得不到与教师的付出相符的回报和效果，有时会损害学生的记忆力和身心，挫伤学生的自信心和士气[8]。

课后作业练习题生活化能更好地帮助学生亲近生活，充分激发学生的思维；小组合作作业还可以增强学生的合作意识。生活化作业能够体现出教学的开放性，让学生自己动脑筋思考。莎士比亚说：一千个人眼中有一千个哈姆雷特。学生的自主思考以及表达能力是最可贵的。总之，生活化的作业可以有效地培养学生自己的自主学习和自主动手的能力。

5.3　研究性教学在元素化合物实验教学中的应用

高中化学学习的元素主要分为两类：金属和非金属。对于金属和非金属化合物性质的知识学习，实际上是将物质的化学分类、离子反应和物质的氧化还原反应等化学概念、原理与化学物质的结构及其化学性质有机地结合的一道重要桥梁。在课堂教授元素及其化合物性质基础知识过程中，将理论与具体物质联系起来还是有一定的难度的。通过实验探究，可以有效地突破这一教学难点。

5.3.1　实验探究对元素化合物学习的促进作用

（1）有助于观察与学习物质的性质及其变化

在复杂的元素知识教学中，化学实验是教师帮助学生直观地获得和理解物质本质的重要途径。在讲授元素化合物知识时，教师不仅要尽可能多地为学生设计和组织一些化学实验，而且要让每个学生尽可能参与和完成一些操作简单、现象明显、安全可靠的化学实验，促进学生正确记忆结论中与元素及化合物有关的知识[9]。

（2）有助于自主建构知识体系

学生存在学习有关元素和化合物相关知识的困难，在实验探究的教学过程中，一方面，可以通过引导学生充分运用有关氧化还原反应和离子反应的化学知识，对于反应中有关物质的结构和性质变化进行分析，帮助学生理解这些反应的化学本质和变化的基本规律；另一方面，可以通过帮助学生充分运用不同物质相比较的教学方法，找出各种化学物质的共性和差异，使学生充分了解反应中物质的化学性质，从而对于元素的结构和性质有一个整体的了解和认识。

（3）有助于培养学科思维品质

在进行实验科学探究的实践过程中，教师要帮助学生通过自主学习，运用已有的实验知识和实验技能，自己设计方案、动手进行实验，通过对各种实验和现象的深入观察、分析和独立思考，引导学生探求和研究如何解决实验中所遇到的问题。这样，能够在较大的程度上激发和培养学生自主学习的积极性，培养广大学生良好的自主学习习惯和创造性思维[10]。

5.3.2 "铁的化合物"实验探究的基本流程

一般来说，实验探究的基本流程可以分为 6 个基本部分：提出问题→拆分问题→研究问题→制定探究方案→实施，进行实验探究→进行评价与交流。在进行实验探究的过程中，各个环节之间不是独立存在的，而是根据教师和学生的学习探究过程的发展和推进相互发生联系的。在每次实验探究的过程中，要求教师着重引导学生关注一个具体的实验探究问题，根据不同的实验探究方法和目的，可以适当地调整各个环节的具体操作和方法[11]。

$Fe(OH)_2$ 的制备实验以 $Fe(OH)_2$ 制备过程中的现象变化为出发点，通过对现象的分析，教师引导学生从"隔绝氧化剂""加入还原剂"的角度进行实验探究，解决实际问题，加深学生对"Fe（Ⅱ）的化合物易被氧化"这一化学性质的认识，为下一阶段"Fe^{2+} 与 Fe^{3+} 的相互转化"的学习打下基础。教学过程如下。

（1）创设探究情境

① 设疑：经过对 Na、Al 的化合物性质的学习，可以推导出同一类型物质的性质。那么，通过哪些途径可以制备 $Fe(OH)_2$？

② 分析：结合 Al（OH）$_3$ 的制备方法，推导可溶性铁盐（或亚铁盐）制备可溶性碱的原理。

（2）提出探究问题

① 任务：$Fe(OH)_2$ 易被氧化，空气中的氧气含量约为 20%，如何使制备的

$Fe(OH)_2$ 的保存时间更长?

② 分析:在此过程中发生的变化是 $Fe^{2+} \rightarrow Fe(OH)_2 \downarrow \rightarrow Fe(OH)_3 \downarrow$,说明 $Fe(OH)_2$ 不稳定。通过分析化合价,可以判断 $Fe(OH)_2$ 很容易被空气中的 O_2 氧化。

③ 结论:$Fe(OH)_2$ 保存较长时间的关键在于,尽量避免生成的 $Fe(OH)_2$ 与 O_2 接触。

④ 讨论:a.如何隔绝溶液与外界 O_2 的接触;b.如何使溶液内部尽量不要有 O_2。

(3)明确探究任务

① 提示:a.如何避免生成的 $Fe(OH)_2$ 与 O_2 接触? b.如何在操作上实现这些条件? 提出一些可操作的实验方案。

② 引导:a.通过对现象的分析,可以初步得出结论——$Fe(OH)_2$ 因为空气中氧气的缘故容易转化为 $Fe(OH)_3$。通过已学知识,从化合价改变、氧化还原反应的角度进行分析,凸显 $Fe(OH)_2$ 在空气中易被氧化的特征,进而延伸到同一价态的 Fe^{2+} 具有相似的性质——还原性。b.基于上述理论推导,结合氧化还原反应的原理,可以分析得出"保持 $Fe(OH)_2$ 不变"的关键是要做到防止 $Fe(OH)_2$ 被氧化,从而明确"通过控制氧气的含量,防止 $Fe(OH)_2$ 被氧化,避免氧化还原反应的影响"是本次实验探究的重点。

(4)设计实验方案

① 任务:以两人小组为单位,设计实验方案。各小组展示实验设计方案,并对实验方案进行评价。

② 引导:可以引导参考已有的知识,从如何在装置内部实现排除 O_2 的角度进行思考,并提出注意点——a.在溶液与外界之间加一层隔绝物;b.将溶解在溶液中的 O_2 排出。

③ 讨论:单一实验条件的改变,使得实验现象有变化(试管中的白色沉淀能保持较长的时间),但是对实验结果的影响比较小。从可操作性、实验效果等方面,预测综合多个条件共同实施,可以获得现象较明显的实验方案。

④ 归纳:结合各小组实验情况,得出综合实验方案。

(5)实施实验方案

① 实验:根据综合实验方案完成实验。

② 结论:a.配制 $FeSO_4$ 溶液时,使用煮沸后的蒸馏水,减少溶液中 O_2 的

溶解；b.加入铁粉和盐酸，生成的 H_2 既可以减轻 O_2 干扰，过量的铁粉还可以防止 Fe^{2+} 被氧化；c.在 $FeSO_4$ 溶液表面覆盖一层煤油，可以起到隔绝空气的作用；d.将胶头滴管伸入 $FeSO_4$ 溶液后再挤出 NaOH 溶液，尽量避免 $Fe(OH)_2$ 与外界环境的接触。

（6）评价与交流

① 拓展：a.分析实验装置与实验原理；b.任选试剂及仪器，对 $Fe(OH)_2$ 的制备进行改进。

② 思考：从外部滴加 NaOH 溶液，就会使 $Fe(OH)_2$ 接触到 O_2，能不能从内部就实现反应？

③ 讨论：提出实验改进方案，相互交流。

④ 小结：总结制备 $Fe(OH)_2$ 的过程反映出的 $Fe(OH)_2$ 的性质。

5.4　研究性教学在元素化合物复习课中的应用

5.4.1　思维导图应用模式设计

20 世纪 60 年代，英国心理学家、教育家托尼·巴赞提出了思维导图这一新的思维方式。它充分利用了左右脑的功能、记忆、阅读和思考的规律以及层次图，展现了各层次主体之间的相互隶属关系，很好地反映了知识之间的关系，使存储的知识系统化、有序化。思维导图还可以把形象思维和抽象思维结合起来，既能提高学生的记忆，又能促进学生的创造性思维和发散性思维[11]。笔者设计了思维导图在元素化合物复习中的应用模式，如图 5-3 所示。

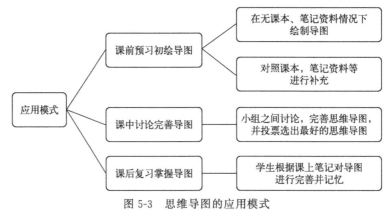

图 5-3　思维导图的应用模式

5.4.2 基于富集在海水中的元素——氯的研究性教学应用

（1）教材分析

本部分选自人教版高中化学必修一第四章。氯是一种典型的、非常重要的非金属元素。通过对氯及其化合物的全面深入的研究，使学生能进一步了解典型非金属元素及其化合物的结构和性质，对形成正确的学习观、掌握学习的基本思路和方法起着重要作用。

（2）教法、学法分析

教法："引导-探究"式教学法。

学法："提出问题—猜想与假设—讨论设计方案—实验探究—归纳总结—发现新问题—再实验探究—得出结论"。

（3）三维教学目标

知识与技能：了解氯气的物理性质。通过指导学生探索氯气与水、铁的反应，使学生进一步掌握化学实验操作的注意事项，了解化学实验是学习和理解化学物质的重要途径之一。

过程与方法：通过实验，使学生了解实验探究的过程和方法。通过解决一些实际问题，培养学生解决问题的能力。

情感态度与价值观：激发学生的学习兴趣，运用化学知识解决生活中的一些现象和问题，感受化学知识的价值。认识到实验中相互合作的重要性，学会与他人合作。

（4）教学重难点

重点：氯气的化学性质与氯水的成分分析。
难点：实验方案的设计与操作。

（5）教学活动设计

教学活动设计见表 5-3。

表 5-3　研究性教学在氯元素教学中的应用的教学设计

教学环节	教学活动	设计意图
环节 1 创设情境 引入新课	结合生活实际，为了预防病毒的传播，经常需要进行消毒，引出常用的含氯化合物消毒剂 引入新课：黄绿色的活泼气体——氯气	将氯元素及其化合物与社会热点话题相结合，吸引学生的兴趣

教学环节	教学活动	设计意图
环节2 阅读史料 认识物理 性质	① 展示一瓶氯气，学生阅读"科学史话"，完成"思考与交流"中的问题并总结氯气的物理性质 ② 引导学生讨论史料对自己的启示 ③ 引导学生总结氯气的物理性质 [演示] 氯气在水中的溶解性 [板书] 物理性质：黄绿色、刺激性气味的气体，有毒，易液化，密度小于空气，在水中的溶解度约1:2（常温常压下，1体积水约可溶解2体积氯气）	通过化学史实渗透严谨求实的科学思维品质的培养 学会从史料获取科学知识、学会筛选信息，并与同学进行交流 学生逐步提高观察、思考、多角度分析、提炼、小结的能力
环节3 猜测化学 性质探究 验证	① 教师引导。回忆氯的原子结构示意图，预测氯气可能具有的化学性质，并设计实验 [板书] 化学性质 ② 根据设计的实验方案，教师实施实验方案 a.课堂演示实验：钠在氯气中的燃烧、铁在氯气中的燃烧、铜在氯气中的燃烧、氢气在氯气中的燃烧 b.演示微型实验：氯气与碘化钾、硫酸亚铁、氢氧化钠溶液的反应，并通过实物投影放大 ③ 引导学生分小组整理实验记录、解释实验现象、总结氯气的化学性质 [展示] 展示学生的学案，总结、补充、引导纠正，师生共同总结氯气的化学性质	① 学会从原子结构和物质分类的角度，推测物质可能具有的化学性质 ② 设计实验，通过观察、解释和总结，体验研究物质性质的方法，学习化学知识 ③ 在教室通风橱中进行，由于实验有危险，实验为课堂演示。同时引入微型实验，渗透绿色化学思想 ④ 学会观察实验现象、全面准确记录、整理分析、得出结论
环节4 知识迁移 学以致用	① 教师引导。氯气及其化合物对人类社会的发展有促进作用，但是如果不能正确地使用，可能会导致什么样的后果呢？ ② 介绍搜集资料方法。链接到许多氯气泄漏事件所产生的后果及处理方法 ③ 达成共识。合理利用资源，科学使用化学物质，人类与环境要和谐发展	① 讲解氯气不当使用带来的问题，关注人类面临的与化学相关的社会问题，培养学生的社会责任感及参与意识 ② 联系氯气的毒性及其广泛的用途，体会对立统一的观点
环节5 互动小结 感悟收获	布置作业： 查阅相关资料、完善学案 思考氯水的成分及氯气使滴有酚酞的 NaOH 褪色的原因，能否设计实验证明猜想？ 查阅日常生活中常用的含氯化合物的名称、化学用途等，做成资料卡片，并与同学交流	帮助学生再认识化学与人类生活的密切关系

5.5　分析及建议

在元素化合物教学中，应用思维导图层级功能，原本需要死记硬背、内容零散的知识，结合实验讲解和联系生活的引导，学生自己运用理论分析构建知识网络，形成解决元素化合物知识难题的思维模型，促进了高中学生逻辑思维能力的发展，提升了学生的复习效率。

　　本章针对高中化学的元素化合物进行实践，构建的研究性教学模式还不是很完善，个别环节还可能需要更多的时间进行深入的实践、探讨与理论分析。

参考文献

[1] 田宏杰. 超越知识中心主义：研究性教学的反思[J]. 中国高教研究，2019，(2)：53-57.

[2] 马宏，郝桂珍，李润玲，等. 以"三段式"探究型教学模式构建高校良好师生关系的探索[J]. 教育教学论坛，2019，423：10-13.

[3] 罗清华，朱雪燕，喻建军. "教、学、评"一体化视角下的元素化合物复习课——以"氮的氧化物"为例[J]. 实验教学与仪器，2019，377(36)：20-23.

[4] 刘鸣鸽. 思维导图在高考元素化合物复习中的应用[D]. 辽宁师范大学，2016.

[5] 杨茵. 元素化合物教学的逻辑性研究——以浓硫酸教学为例[J]. 实验教学与仪器，2020，382(37)：16-18.

[6] 韩海侠. 思维导图下的高中化学元素化合物知识点的衔接技巧[J]. 黑河教育，2019，417：32-33.

[7] 姜言霞，王磊，支瑶. 元素化合物知识的教学价值分析及教学策略研究[J]. 课程·教材·教法，2012，347(32)：108-114.

[8] 何彩霞. 引导学生从元素视角认识物质及其转化——以"金属及其化合物"教学为例[J]. 化学教学，2013，318：29-31.

[9] 赵世红. 理解课程标准，联系生活实际，实施有效教学——谈元素化合物知识的教学[J]. 化学教与学，2014，376：32-33.

[10] 陆军. 新课程下高中元素化合物知识体系的构建[J]. 化学教育，2007：19-21.

[11] 何银华，肖中荣. 素养为本的课堂教学系统构建和案例设计[J]. 中学化学教学参考，2019，491：18-20.

第6章

研究性教学在金属钠教学中的应用

"金属钠的化学性质"位于人教版教材必修一第二章第一节。钠是学生在高中学习的第一个金属元素，对于学生化学启蒙有着重要地位：金属钠属于碱金属，而碱金属是高中阶段重要的知识内容。对于本知识点的教授，教师们几乎都以应试教育为出发点进行教学设计，本节内容中的知识点又比较琐碎，并不容易记忆，因此笔者认为可以在教学方法上做一些改进，在讲授钠的化学性质的教学过程中充分利用研究性教学的方式，让学生主动发现问题、探究问题，获得研究问题的体验，掌握发现科学真理的正确方法，锻炼探究精神与科学态度，提高学习能力、思维能力与创新能力。首先，教师要深刻理解研究性教学的含义与意义，懂得将理论付诸实践，并体现在教学设计当中；然后，基于教材对研究性教学在"金属钠的化学性质"这一教学内容中的应用方式进行分析；最后，在教学内容中寻求合适的切入点进行研究性教学设计。教师需要突破传统的应试教学方法，贯彻"以生为本"的思想，进行教学设计和教学实施。

本章采取的研究性教学模式有"探究性实验教学模式""科学探究教学模式""问题情境教学模式"。探究性实验教学模式通常按照"实验→问题→讨论→结论→应用"或"问题→讨论→实验→结论→应用"的程序进行教学。科学探究教学模式主要利用原有的认知网络和各种已知信息对问题进行假设，运用这个模式的关键是控制好内外条件，并真实地记录实验现象或有关数据，进行合理的逻辑推理，使研究性学习建立在科学的基础上。问题情境教学模式指教师深入钻研教材，并从中挖掘有一定思考价值的知识内容，辅以生产、生活、科学实验等实际问题，将其设计成有一定情境的化学问题，以诱发学生探究化学本质的欲望和动机，进而促进知识学习的教学过程。

6.1 教材分析及学情分析

6.1.1 教材分析

通过分析人教版新旧教材"金属钠与水的反应"这一节的异同发现，教材的编写越来越注重实验探究对于学生学习的重要性。旧版教材中虽然也给出了金属钠与水反应的实验图片，却并没有为其设置单独的课程环节，将该部分知识作为一个普通的讲授型知识点；而在新版教材中，金属钠与水反应作为一个探究性实验体现在教材中，而且简单地列出了实验的基本步骤，比如预测、实验、结论等。教材中列出的表格不仅预留了实验现象部分，还给出了相对应的分析及结论部分，因此可以将其看做一个完整的探究实验。

【参考教材】：人民教育出版社《化学1（必修）》

【教学内容】：第二章第一节《钠及其化合物》第2课时

【教学分析】：金属钠的化学性质这一课题位于人教版教材，必修一第二章第一节。作为碱金属当中非常重要的一种，金属钠无论在金属元素还是高中化学中都处于举足轻重的位置。学生掌握金属钠的化学性质，可以为以后的化学学习打下扎实的基础。

根据上述分析设计研究性教学实施环节。

（1）探究金属钠与水反应实验现象的教学环节

环节一：运用常规教学法进行新课引入

↓

环节二：通过研究性教学（小组合作法）组织合理猜想

↓

环节三：通过研究性教学（实验研究法）进行猜想验证

↓

环节四：通过研究性教学（小组合作法）进行实验现象的分析总结

↓

对于本设计的总结

（2）验证生成气体是氢气的教学环节

环节一：通过研究性教学（小组合作法）组织合理猜想

↓

环节二：通过研究性教学（多媒体辅助法、小组合作法）进行实验方案的确定

↓

环节三：通过研究性教学（实验探究法）验证氢气

↓

环节四：运用基础教学法进行实验的分析与总结

↓

对于本设计的总结

6.1.2 学情分析

通过初中阶段的学习，学生已经储备了一些金属元素的知识，对一些金属的基本性质有了初步的了解，大部分同学已经懂得通过金属能否发生置换反应来比

较金属的活泼性。而在高中阶段通过第一单元的学习，学生已经掌握了基本的实验探究方法。通过对离子反应、氧化还原反应等理论的学习，相信学生可以从多个角度掌握钠的化学性质等知识。

（1）教学目标

① 牢记金属钠与水反应的实验现象，能够根据实验现象说出金属钠的性质；掌握检验氢气的实验方法，并应用到本实验当中；

② 通过实验探究，让学生根据观察到的实验现象自行总结金属钠的性质，培养学生的观察能力、科学思维和创新精神；

③ 通过研究性教学的手段，激发学生的学习兴趣，帮助学生建立善于观察和探索求真的学习态度，培养学生的科学探究与创新意识[1]。

（2）教学理念

基于掌握学习理论，实现研究性教学，启发学生探究性思维，帮助学生掌握知识[2]。

（3）教学重、难点

教学重点：钠的化学性质（钠与水反应）。

教学难点：①通过对实验现象的观察，对钠的性质进行分析、归纳、总结；②金属钠与水反应产生气体的鉴别。

【教学方法】研究性教学、混合式教学、小组合作式教学、任务驱动式教学等教学方法。

6.2　研究性教学在探究金属钠与水反应实验现象教学中的应用

环节一：运用常规教学法进行新课引入

【教师引课】同学们，通过上节课的学习我们简单地了解了金属钠密度以及可与氧气反应的性质，明确了不同的金属，性质有着天壤之别。这节课我们将继续上节课的研究内容，对金属钠的化学性质进行更深层次的探究。

【师生交流】同学们观察一下，现在老师在烧杯中加入蒸馏水，接下来将煤油加入烧杯中，形成 2～3cm 的油层，再将已经切割好的黄豆大小的钠放进烧杯，大家看一下钠块会停在哪里。可以观察到钠在煤油与水的交界面上下跳动。根据我们上节课讲过的知识点——$\rho_{煤油} < \rho_{钠} < \rho_{水}$，所以钠将沉于煤油而浮于水面。那么为什么跳动呢？

【同学猜测】可能是由于金属钠与水发生了反应。

【教师总结】同学们猜想得很正确，金属钠与水的确是可以发生反应的。某电视剧中有个情节——一位高中生把大量的钠倒入水池中，产生了喷泉式爆炸现象。大家没想到钠与水反应的威力竟然这么大吧？那么在我们实验中，少量钠与水反应的实验现象是什么呢？

环节二：通过研究性教学（小组合作法）组织合理猜想

教师运用组织同学进行分组讨论的研究性教学的模式让小组学生猜想、讨论并总结金属钠与水反应的实验现象，教学设计见表 6-1。

表 6-1　运用小组合作法的教学设计

教师活动	学生活动	设计意图
【划分小组】现在我将全班 40 名同学分成 10 个小组，每组 4 人。老师给大家 3 分钟时间，小组内统一一下意见，最后各小组分别出一个人展示结果。大家带着问题边思考边讨论	全班同学分小组讨论	设计 4 人一小组进行小组讨论，可以避免人太多导致的个人发言机会、工作量的减少，也可以避免人太少导致信息交流量太少，不能形成研讨氛围
（小组讨论 3 分钟之后） 【提问】好了，大家讨论得差不多了吧？哪组先来展示一下组内意见	【小组 2 代表】老师，我们小组认为，在实验室中的钠与水反应也会比较剧烈，但是不会爆炸，只是会让钠在水中不断游走 【小组 6 代表】老师我们组的想法和 2 组一样，因为反应物金属钠的用量改变了，所以反应不是很剧烈 【小组 10 代表】老师我们有补充。我们组觉得钠与水反应应该也会放出一定的热量。原因是电视剧中钠与水反应发生了爆炸，有理由推测出钠与水反应应该是放热的	小组内部讨论完毕，进行各方面意见整合，这是共同构建知识的过程。每个成员都在贡献思想，而不是在借用思想 由小组派代表进行意见的总结，锻炼了学生对知识点的分析与归纳的能力
【总结】好的，咱们小组结果展示就到这里。老师刚才看大家的讨论过程，发现咱们同学都在认真地参与和表达自己的想法，这点非常好。现在哪位同学来总结一下刚才三个小组关于钠与水反应的猜测	【同学 C 总结】刚才三个小组的猜测有： ① 金属钠与水反应比较剧烈、在水中不断游走 ② 钠与水反应会放出一定的热量	派同学对各小组讨论结果进行整合，这有助于提高学生对知识点的汇总整合归纳能力，同时督促学生增强课堂的专注力，并养成倾听的优良习惯

环节三：通过研究性教学（实验研究法）进行猜想验证

学生已经以小组讨论的形式对可能的实验现象进行猜想，下面开展教师实验演示、学生适度参与的研究性教学模式来对实验现象的猜想进行验证，教学设计见表 6-2。

表 6-2　运用实验研究法的教学设计

教师活动	学生活动	设计意图
【实验准备】好的，大家的讨论结果较为全面。那么接下来我们就分别验证一下这三组的猜想是不是正确的。看到老师要做实验大家的兴趣一下子就上来了是不是？在我们做完实验之后，谜底自然就会被揭晓。老师带来了一堆实验仪器以及实验药品，大家可以帮老师进行一下仪器和药品的选择吗 【实验仪器】烧杯、试管、锥形瓶、水槽、胶头滴管、玻璃棒、玻璃片 2 片、镊子、壁纸刀、滤纸、棉花 【实验药品】保存在煤油中的金属钠、装在试剂瓶中的酚酞、蒸馏水	【抢答】需要烧杯、玻璃片、镊子、壁纸刀、滤纸、保存在煤油中的金属钠等	通过学生自主对实验仪器和药品进行选择，体现了研究性教学以学生为主体、教师为主导的真谛，让学生切实成为课堂的第一主人，让学生对课堂有确切的参与感
【引导】好的，老师需要的仪器与药品基本已经全了。但是老师还有个额外的要求：在进行金属钠与水反应的实验的同时，我还想顺便验证一下金属钠与水反应的产物的酸碱性，大家可以通过增加一种现有试剂来帮助老师达成目的吗	【同学 C】老师，可以在反应后的溶液中滴加酚酞试剂么？酚酞可以验证溶液的酸碱性 【同学 D 补充】老师你还得再拿一支胶头滴管用来滴加酚酞试液	教师通过问答的方式，增加课堂的互动性和学生的参与感，使课堂更加生动有活力 同学的积极参与和补充说明问问答式教学已经初步调动起学生的积极性
【引导】好，C 和 D 都很棒，有了酚酞试剂，老师就可以对产物的酸碱性进行验证啦。大家回忆一下，酚酞试剂遇碱变……？那酚酞遇酸变……？ 【描述】现在我们把做实验需要的仪器和药品都准备好啦，万事俱备只欠东风，下面我就来进行金属钠与水反应的演示实验。后面的同学看不见的可以往讲台前面走一走 　第一步，我们要从煤油中用镊子夹出少量金属钠，要注意，金属钠的量一定要少，咱们大概取用黄豆大小就可以了。E 你正好在讲台旁边，你上来帮助老师来进行一下切取钠的工作吧	【答】变红 【答】不变色 E 用镊子在煤油瓶中取出一小块金属钠放在小玻璃片上，用小刀进行切割，并把切好的钠块用镊子夹起来放在滤纸上吸一下煤油 	由于此实验有一定的危险性，并不适合每位同学做实验，教师只能采用演示实验的方式。在此处也有一些精妙的小设计：教师把实验当中适合学生做的一些小的步骤让学生完成，切实提升了课堂中学生的参与感，将理论与实际相结合，增加了学生的动手操作能力

教师活动	学生活动	设计意图
【引导】现在的现象已经很明显了对吧？讲台旁边这几个同学，你们上来摸一摸烧杯壁感受一下，看看有什么发现	【答】老师烧杯壁是热的	教师让附近的学生触摸杯壁，参与到实验环节当中，增加了课堂的趣味性，切实提升了课堂中学生的参与感
【追问】那大家都看到什么现象了呢	【答】看到原来蒸馏水由无色变成了红色	

环节四：通过研究性教学（小组合作法）进行实验现象的分析总结

在实验探究的基础上，教师组织学生利用小组合作的方式对实验现象进行表达和总结，教学设计见表 6-3。

表 6-3　运用小组合作法的教学设计

教师活动	学生活动	设计意图
【总结】好的，大家都观察到了实验现象。金属钠与水反应的小实验在同学们和老师的配合当中结束了，大家应该已经把实验现象观察得很仔细了吧？现在大家还是回归到小组当中，把组内实验现象进行整合，5分钟之后老师还要提问咱们小组同学，表达自己的观点	小组讨论5分钟	运用小组讨论的方式对组员们观察到的实验现象进行意见交流和汇总，锻炼了同学们的信息整合能力和互动交流合作能力
【提问】好，小组讨论得差不多了吧，哪组首先表达一下自己组的结果呢	【小组3代表】老师，我们组观察到的现象是：金属钠刚被放到水中是瞬间浮在水的表面，然后并没有静止在水面上，而是很神奇地在水面上游走，并且钠块变得越来越小 【小组9代表】老师我们有补充。3组说的实验现象我们也都观察到了，我们还观察到了一个神奇的现象，就是金属钠块在不断变小并且在水面上游动的时候，它的周围一直有一些小气泡围绕着 【小组1代表】老师我们还有补充。我们组听到在金属钠游动在水面上的时候发出了一种奇怪的声音，就是那种嘶嘶声	派同学进行各小组讨论结果的整合，有助于提高学生对知识点的汇总整合归纳能力，同时督促学生增强课堂的专注力，并养成倾听的优良习惯 各小组之间的意见存在交叉或者相悖，并且在小组讨论后进行反对或者互相补充。这种信息的碰撞增加了课堂讨论氛围，同时促进学生对于问题的思考

教师活动	学生活动	设计意图
【鼓励】好的，这三组同学提出表扬，观察得很细致。大家畅所欲言，还有没有没说到的现象？5组今天不怎么活跃，5组有什么观察到的现象呢	【小组5代表】老师我们组感觉前面三组总结已经很全了，就是没说到您让我们触摸烧杯壁的总结，烧杯壁热说明金属钠与水反应是一种放热反应。还有就是溶液的颜色由无色变为红色，说明钠与水反应一定生成了某种碱性物质，根据化学反应元素守恒知道生成的碱性物质是NaOH	教师对于课堂的发言进行密切关注，对于不太活跃的小组进行提问，调动了课堂的积极性，同时促进了全员对于研究性课题的参与感
【称赞】5组这不是补充得很好吗？大家要勇于表达自己的想法啊。大家真的是人多力量大，观察得十分细致，几乎把金属钠与水反应的所有现象都说出来了。下面我们找一直潜水、没发表意见的4组给我们按照现象发生的顺序总结一下	【小组4代表】好的老师，金属钠被放到水里之后，首先是浮在水面上，紧接着就在水面上游动起来，钠游动过的地方溶液由无色变为红色，并且钠块逐渐变小，在游动的同时，金属钠的周围有一圈气泡将它包围住，钠块发出嘶嘶的响声，在反应过程中触摸杯壁，发现杯壁是热的，说明钠与水反应是个放热反应。老师这就是我们组的总结	教师让同学进行对各小组讨论结果的整合，有助于提高学生对知识点的汇总整合归纳能力，同时督促学生增强课堂的专注力，并养成倾听的优良习惯
【提问】好，可以看出4组虽然没有在刚才的环节表达自己想法，但是他们是一个很善于倾听的小组，把大家提到的实验现象都整理得明明白白。大家刚才也听到了，4组叙述了很久才能够完整描述出金属钠与水反应的全部现象，我们要是死记硬背这些实验现象，难度实在是有一些大，那大家能不能想出一个好的方法去帮助我们记忆呢	【同学F】老师我们可以根据实验现象去记忆啊。回忆起实验进行的过程，就能复述出实验现象了，也不用死记硬背	对于根据实验现象总结口诀并简化实验现象的方法诀窍，教师并没有直接给出，而是要学生自己去思考、提炼，更加突出了研究性教学过程中学生是课堂主体的思想
【引导】F说的这是个好的方法，我们在学习的过程中要是都能够把理论与实践相结合，动手去操作，这样学习起来不枯燥，记忆也会更深刻。但是老师要提醒一点，要是实验步骤比较繁琐，并且实验现象很多的情况下，我们非常易忽略掉当中的某个实验现象。这种情况下，我们就不能单单依靠做过的实验，这时有另一个方法更加适合我们，就是"顺口溜"。现在我们思考一下，怎么把这个实验的实验现象编写成顺口溜便于我们记忆	【抢答1】老师可以从每个实验现象当中提取一到两个字，组成一句朗朗上口的话 【抢答2】口诀可以是"浮、熔、游、响、红" 	

对探究金属钠与水反应实验现象的教学设计的总结：在本小节教学设计中，运用到了基础教学法和研究性教学法，如小组合作解决问题法、实验探究验证猜想法。多种教学方法的交替使用，是共同构建知识的过程。在研究性教学中，小组合作的意义在于，首先，学生围绕研究性问题进行讨论可以激活学生先前的知识储备，在原有知识背景和当前问题之间生成更多的联系；其次，讨论可以使学生的思维过程外显化，学生在讨论与交流过程中可能会有观点的冲突，有利于进行更好的反思和批判；最重要的是，给学生创造了一个人人都积极探索、主动参与、独立创新的优良环境。

6.3 研究性教学在验证氢气生成教学中的应用

环节一：通过研究性教学（小组合作法）组织合理猜想

在明确了金属钠与水反应的实验现象之后，教师组织同学进行小组合作，对生成气体的种类进行合理的猜测，教学设计见表6-4。

表6-4 运用小组合作法的教学设计

教师活动	学生活动	设计意图
【设疑】那现在老师又有个新问题了，在实验中一直围绕在金属钠块周围的小气泡是什么气体呢？大家继续进行一下小组讨论	小组讨论3分钟	教师通过创设研究性问题，让学生时刻跟随课堂的步调进行思考
【提问】怎么样？大家讨论出结果了吗？哪组来表达一下自己的想法？这么多组都踊跃回答问题，那大家给8组一个机会，8组先来说一下你们的看法	【小组8代表】好的老师。我们组认为小气泡是氢气。我们组根据化学反应元素守恒定律，猜测钠与水反应生成的气体是氢气。氢气的生成同时推动了金属钠在水面的游动 【小组6代表】老师我们组有和8组不同的意见，我们觉得该气体也可能是O_2。钠块在水面上游动可能是因为O_2的生成推动钠块运动 【小组9代表】老师我们组和8组的猜测是一样的，我们也觉得金属钠与水反应有氢气生成。而发出的嘶嘶声响有理由推测为氢气气泡与水摩擦而产生的声音	教师对课堂的发言进行密切关注，对未发言的小组进行提问，调动了课堂的积极性，同时促进了全员对于研究性课题的参与，尽量不让任何同学游离于课堂之外 小组同学对于研究性问题进行的探讨，有补充有反对。在研究性教学中同学们意见的碰撞有助于知识的掌握，同时很明显调动了同学们参与课堂的积极性

教师活动	学生活动	设计意图
【总结】好，老师找的三组同学分别表达了自己的想法，并且他们顺带着解释了钠在水面游动的原因和反应中发出嘶嘶声的原因，现在大家的小组讨论的模式真是越来越成熟了。那么大家心里先留个疑问，生成的气体是氢气还是氧气，或者这两种气体都存在呢？		对同学们的讨论进行合理的总结和肯定，增加了学生后续小组讨论的自信心

环节二：通过研究性教学（多媒体辅助法、小组合作法）确定实验方案

学生利用多媒体自主查询验证氢气的实验方法，并且以小组为单位对实验方法进行讨论，教学设计见表 6-5。

表 6-5　运用多媒体辅助法、小组合作法的教学设计

教师活动	学生活动	设计意图
【设疑】既然要验证钠块与水反应生成的气体，我们要运用什么实验方法呢？怎么设计验证方案呢？大家可以运用班级的多媒体电脑来查询一下相关资料，我们先进行氢气的。5 分钟之后小组发表一下意见	运用多媒体查询 5 分钟……	多媒体辅助教学将计算机作为辅助教学媒体，为学生提供主动获取知识的途径。增加了学生学习的自发性和主动性，培养了学生运用现代科技的能力和实践能力
【提问】好了，大家各就各位。哪个小组先来发表一下意见？咱们要运用什么检验方法呢	【小组 5 代表】老师，我们可以采用特征现象法来检验。可以根据 H_2 性质，应用相应的实验仪器和药品，去观察实验现象是否符合	教师让学生选择实验方法，把主动权交给学生，锻炼学生的创新能力
【评价】大家说 5 组代表的方法怎么样？太棒了。那么哪个小组展示一下 H_2 特定的反应现象都有哪些呢？大家要动脑筋仔细思考，我们要根据这些性质来设计实验呢	【小组 3 代表】可以选择排空气法收集一试管的气体，然后用大拇指堵住试管口，在靠近火焰处放开，如果听到爆鸣声，并且试管壁有水雾，则说明钠块与水反应生成的气体中有氢气，这利用的是氢气的可燃性	教师引导学生的思维，一步一步引导学生进行实验的设计，并鼓励学生畅所欲言，让课堂形成良好的讨论氛围。教师作为主导、学生作为主体，共同完成对实验的设计

教师活动	学生活动	设计意图
【总结】非常好，看来大家把刚才查资料的时间利用得很充分，给老师提出了验证 H_2 的方法		鼓励性教学

环节三：通过研究性教学（实验探究法）验证氢气

在学生确定验证方法之后，教师设计运用实验探究的研究性教学的方法对氢气进行检验，教学设计见表 6-6。

表 6-6　运用实验探究法的教学设计

教师活动	学生活动	设计意图
【引入】老师准备的实验用品，每一种都有其特定用途。哪一种实验用品我们还没有用到呢？没错，是棉花。大家开动脑筋，发挥想象力设计一个有趣的创新实验	【同学 K】老师我们可不可以用氢气的可燃性来判断一下生成气体中有没有 H_2 的存在呢？而且钠与水反应本来就是剧烈放热的实验，这样就更方便了，省去了给氢气加热的环节。我觉得我们可以直接用一种可以被 H_2 引燃的物体包裹住钠块，这样实验就方便了许多	教师在不争夺学生主体地位的情况下拓宽学生研究性课题思路，给出一些恰当的启示，启发学生的思维，将偏离主线的学生的思路拉回正轨，促进课堂教学的顺利进行
【评价】太棒了，K 设计的实验不光另辟蹊径，而且逻辑很严密，这种创新性思维连老师都很佩服。那老师现在就按照 K 设计的思路来选择一下药品以及实验仪器 【提醒】实验用品和仪器有金属钠、蒸馏水、镊子、棉花、小刀、玻璃片、水槽 【提问】同学们发没发现，老师把金属钠反应的容器由烧杯换成了水槽？这是为什么呀	【同学 L】老师是不是因为第二个实验在金属钠外面需要包裹一层棉花，而烧杯没有足够的空间进行反应，容易影响实验现象 【同学 M】老师我觉得除了 L 说的原因外，是不是还因为这个实验需要多放进去几块钠块呢？因为这个实验需要用钠与水反应产生的热量去引燃氢气，在进行第一个实验的时候触摸杯壁发现一小块钠产生的热量好像并不够引燃棉花，所以多放几块钠块的话就需要大一些的反应空间	教师提问，同学们畅所欲言。教师引导学生的思维，一步一步引导学生进行实验设计，让课堂形成良好的讨论氛围，学生积极对老师抛出的问题进行回应
【总结】非常好，正如 L 和 M 所说，这个实验我们需要借用金属钠与水反应所放出的热量来引燃包裹住金属钠的棉花，所以相较于第一个实验我们只放入烧杯中一块金属钠而言，这个实验我们需要多放几块钠来增加放出的热量，并且也需要让这几块钠有足够的反应空间		认可学生的创造性设计思路，不吝啬于给学生赞美，极大地增强了学生的自信心，调动了同学们进行发言的积极性

教师活动	学生活动	设计意图
【演示】现在我们已经做好了实验前准备工作，下面还是由老师进行一下演示实验：首先老师在洁净的小型水槽中，注入半槽蒸馏水；从保存在煤油当中的金属钠上取一块，放在洁净的玻璃片上，用小刀切取几粒绿豆大小的金属钠放在滤纸上，吸干钠表面的煤油后，立即把它放在一团棉球中包好，备用。同时把切剩下的钠立即放回煤油瓶中，盖上瓶盖		对实验步骤进行详细的讲述
【提问】接下来老师要把棉球迅速用镊子夹住，轻轻地把它放在水槽的水面上，大家观察到什么现象	【回答】可以看到棉球在水面上游动；之后棉球开始自动燃烧了	师生互动，学生对实验现象的观察与描述增加了课堂的活跃氛围，同时也使得学生对实验现象的记忆更加深刻
【提醒】好，现在棉球被烧得差不多了，说明棉球当中的钠与水也将反应完成了对吧？老师还要特别强调一下实验药品的用量问题，这个实验金属钠的用量一定要控制好，如果金属钠放入过量，可能会导致水槽炸裂、火势无法控制的危险		在实验结束之后，教师提醒学生需要注意实验安全和药品用量的控制，培养学生严谨科学的实验素养
【总结】那下面大家就可以对这个实验做一下总结了正如我们的猜测，实验中棉球能够燃烧是因为棉花内金属钠与水的反应，生成氢氧化钠并且放出氢气，反应放出的热量使氢气燃烧，而氢气的火焰又引燃了棉花。因此浮在水面上的棉球便着火燃烧。加上氢气的推动，燃着的棉球便在水面上转动		

环节四：运用基础教学法对实验进行分析与总结

【教师总结】：我们通过实验可以确定生成气体当中有氢气存在，那么生成气体中又是否有氧气生成呢？老师给出大家答案，金属钠与水反应的生成物中没有氧气。至于为什么没有生成氧气，老师先埋下伏笔，这涉及我们接下来会学习到的氧化还原反应部分的知识，那时老师会带领大家进行进一步的探讨。

【教师提问】：本节课同学们和老师一起对金属钠和水的反应进行了探究，并验证了反应的产物，同学们想必收获颇丰吧？我们知道了金属钠与水的反应是比较危险的，在生活中遇到金属钠着火能不能用水扑灭呢？

【学生回答】：不能，那样会让火势更大，因为钠与水会发生放热反应。

【教师总结】：很好，同学们回答的非常棒。通过今天的实验探究，老师发现同学们在实验课中都能够很好地完成实验操作，但在设计实验时仍然有考虑不周之处，比如没能考虑到现有的实验仪器和药品是否能够支撑我们的实验设计、实验药品的用量是否合适等。不过对于刚接触化学的你们来说，做得已经足够优秀了，相信通过未来对化学学科的深入学习，同学们一定能够取得进步，在化学的海洋中闯出一片天地！

对验证生成气体是氢气的教学实施的总结：本节采取了不同种类的研究性教学方法进行教学设计，并采用了多媒体技术辅助教学。多媒体技术辅助教学这种研究性教学方法打破了常规教学中学生相对被动的地位，有利于提升学生学习的主动性，学生能够主动根据问题情境收集相关信息，寻求解决问题的方法，这种研究性教学方法十分有利于以解决问题为导向寻求知识的学习心理定势的形成。

6.4　分析及建议

由于行文时间有限，没有能够将教学设计应用于课堂实践中，只能对学生的接受能力和学习情况进行分析，据此设置合适的问题，并对学生可能的回答作尽可能全面的假设，但是设想与现实之间存在一定的差距，对于课堂上的突发状况是难以避免的。

由于笔者缺乏一定的实践经验，在教学设计环节方面相对生硬、在教学问题设计方面相对比较枯燥。日后笔者会增加实践经历，多从学生的角度出发，在教学实践中切实地思考在课堂中如何能使教学环节的衔接更加自然、抛出什么样的问题才能够更好地调动学生的学习积极性。学为主体、让学生成为课堂的主人才是研究性教学最终的真谛。

本教学设计在学情分析、教材分析以及教学环节的设计方面都做得比较全面、细致，在教学环节当中一环扣一环，螺旋上升地启发学生的思维，使学生充分动脑、发挥自己的想象力；小组讨论使每一位学生都对课堂有参与感，不会存在有学生游离于课堂之外的情况；在教师进行演示实验的时候也照顾到学生的参与情况，每个实验现象都要学生亲自观察，并且由实验现象总结出最终涉及的金属钠的化学性质。

在具体的教学实施中，由于金属钠与水的反应有些许的危险，尽管亲自动手做实验的教学效果会更好，但考虑到实验安全，所以无法让学生亲自进行实验操作。受实验室条件所限，笔者没有采用传统的验证金属钠与水反应生成氢气的实验方法进行教学设计，而是采用较为简单的实验仪器进行教学设计。同时，第二个验证氢气的实验当中引燃棉花出现了明火，教师应在操作台旁配备灭火器，防止出现安全事故。

参考文献

[1] 杜惠蓉. 师专学生化学实验教学目标及实验教学能力的测评研究[J]. 达县师范高等专科学校校报，2002，12(4)：91-93.

[2] 朱霞. 中学化学研究性学习教学设计的研究[D]. 北京：首都师范大学，2004.

第 7 章

研究性教学在乙烯教学中的应用

本章以研究性教学的模式、特点为依据，以高中化学必修二中乙烯教学内容为载体，阐述研究性教学在乙烯的教学内容中的应用。随着学生学习的深入，教学难度也在不断增加。化学在研究过程中既有研究性又有创造性，可以培养学生的研究精神和自学能力，培养学生成长为社会所需要的创新型人才。有效的教学设计是教师开展教学的基础，也是学生有效学习的关键所在，所以在乙烯教学内容相应的教学点设计了教学案例，这有利于教师开展研究性教学[1]，同时也为研究性教学在其他教学内容中的应用提供了思路。

研究性教学是一门课程，更是一种学习方法。烃是高中生接触有机化学的第一部分内容，乙烯是学到的第一个烯烃，需要学生运用逻辑思维去思考研究乙烯的性质以及应用。但是对于进入高中阶段的学生来说，认知并不完善，抽象思维水平也没有达到相应的要求，与乙烯这种需要理解的抽象概念相互矛盾。乙烯是高中生学习化学从无机化合物到有机化合物的衔接部分，这部分内容十分重要。作为教师要了解教材相关内容以及不同版本教材的相关知识点，了解学生的认知发展水平、心理发展情况、对于知识的接受能力等[2]，并从教师的角度对课堂教学活动进行设计。

7.1 教材分析及学情分析

7.1.1 教材分析

乙烯的教学内容是人教版化学必修二的第三章第二节——"来自石油和煤的两种基础化工原料"的第一课。同学们在日常生活中和化学学科的学习中，对于石油和煤的用途以及它们在我们国家经济发展中的地位和作用已经有了一定的认识。乙烯是一种非常重要的化工原料，它的产量是衡量一个国家石油化工发展水平的重要标志。同时，乙烯是学生在学习甲烷之后接触的第二个有机化合物，学生对有机物的认知要实现从饱和烃到不饱和烃的过渡，乙烯的内容起到了承上启下的作用。通过对乙烯球棍模型的制作，学生可以深刻地了解乙烯的内部结构，深化"结构决定性质"的意识。在学习过程中探讨乙烯的一些化学性质，例如氧化反应、加成反应等，然后通过"性质决定用途"判断乙烯的实际应用，深化对不饱和烃结构的理解。教学重点是乙烯球棍模型的制作以及乙烯性质的理解。难点是乙烯的化学性质的理解以及具体实验的操作。

（1）乙烯基础知识以及不同版本教材内容的比较

① 基础知识

教材中乙烯主要教学内容如图 7-1 所示。

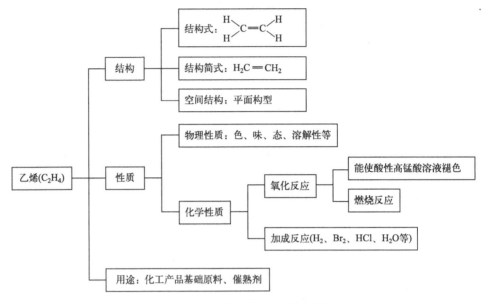

图 7-1 乙烯的教学内容思维导图

② 主要反应

教材中乙烯主要反应的化学方程式如图 7-2 所示。

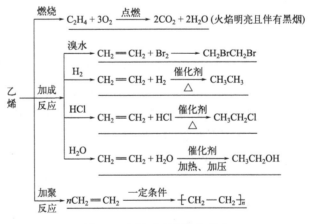

图 7-2 乙烯反应化学方程式

学习一种新的化学物质，我们要从它的结构开始讨论，根据它的结构推断该物质具有怎样的性质。乙烯具体教学内容主要集中在以下几个方面：乙烯的结构、乙烯的物理性质、乙烯的化学性质及应用。

③ 不同版本教材乙烯内容的比较。

人教版乙烯教学内容如图 7-3 所示；沪科版乙烯教学内容如图 7-4 所示。

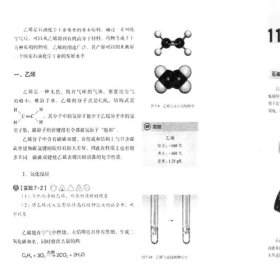

图 7-3　人教版教材内容

图 7-4　沪科版教材内容

　　乙烯在人教版教材高中化学必修二第七章有机化合物第二节名为"乙烯与有机高分子材料"，主要介绍了乙烯的结构、性质、用途。首先介绍了乙烯的物理性质。其次介绍了乙烯的化学性质，其中包括乙烯的氧化反应、乙烯与氧气反应生成二氧化碳和水、乙烯的加成反应和乙烯的聚合反应。加成反应主要是将乙烯通入溴的四氯化碳溶液中观察现象。在介绍完乙烯的性质之后，引出了烃的概念。最后一部分介绍了有机高分子材料的一些应用，包括塑料、橡胶、纤维等[3]。

　　沪科版教材中主要以石油化工的兴起以及丰富多彩的图片来引出乙烯内容的学习，从介绍乙烯的用途入手引出乙烯的性质，介绍关于乙烯的各种实验，吸引学生的注意力后讲授新课[4]。

（2）有机物知识学习思路

有机物分子结构与性质及用途如图 7-5 所示。

乙烯教学的主要任务如图 7-6 所示。

乙烯化学学科建构思想如图 7-7 所示。

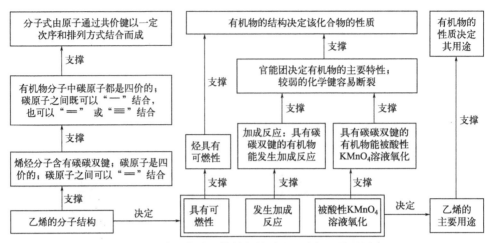

图 7-5　有机物分子结构与性质及用途知识关系图

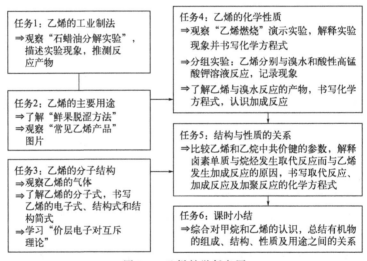

图 7-6　乙烯教学任务图

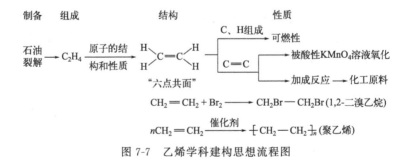

$$CH_2\!=\!CH_2 + Br_2 \longrightarrow CH_2Br\!-\!CH_2Br(1,2\text{-}二溴乙烷)$$

$$nCH_2\!=\!CH_2 \xrightarrow{\text{催化剂}} \{CH_2\!-\!CH_2\}_n(聚乙烯)$$

图 7-7　乙烯学科建构思想流程图

7.1.2 学情分析

处于高中二年级的学生，已经开始逐渐脱离依靠物质的具体形象学习知识的状态，但其抽象思维能力虽然发展到了一定水平却并不完善，对于一些微观结构等抽象的知识理解起来仍十分困难。学生在学习乙烯这种物质前就已经认识了甲烷，学习了烷烃的相关物理以及化学性质，了解了甲烷中碳氢之间的成键方式，可以发现甲烷中每个原子都达到饱和状态[5]，为学习乙烯的相关性质做了铺垫，对于理解乙烯中含有碳碳双键官能团打下了基础。教师需要进一步培养学生利用自己的思维及创新能力去理解问题和学习知识。

7.2 研究性教学在乙烯球棍模型教学中的应用

高中阶段的学生实际动手操作能力较强，他们渴望进入实验室做实验，喜欢自己动手制作器材，同时他们的思维比较活跃。在轻松活跃的课堂氛围中，学生的学习效果最好。利用这个特点，采取让学生自己动手制作乙烯的球棍模型的方法进行教学设计。

（1）教学目标

知识与技能：通过乙烯教学内容的学习，了解乙烯的基本性质，主要是物理性质、化学性质等。

过程与方法：通过教师的教学，使学生掌握乙烯球棍模型的制作，能够自己独立完成测定乙烯的化学性质的实验。

情感态度与价值观：通过学习，增进学生对石油工业的了解，使学生学以致用，将所学知识应用于实践。

科学素养：通过乙烯的教学，提高学生将宏观与微观相结合的能力、自己制作模型的能力，培养学生的科学素养。

（2）教学重点、难点

重点：乙烯球棍模型的制作。
难点：乙烯的化学性质的理解以及具体实验的操作。

（3）教学过程

教学过程见表7-1。

表 7-1　研究性教学在乙烯球棍模型中的应用教学设计

教师活动	学生活动	活动设计意图
① 创设问题情境，设计悬念 教师自己录制的香蕉催熟视频，让学生猜催熟香蕉的物质是什么	学生紧跟教师思考，注意观察视频	让学生成为学习的主人
【展示图片】 比例模型	【疑惑】这是为什么呢？这是什么物质呢？提出各种疑问	采用生动真实的图片，先引起学生的注意，让学生产生想要学习这部分知识的兴趣
【教师提问】这个模型代表什么物质呢？同学们是否能自己制作出它的球棍模型呢？	学生自己根据比例模型制作乙烯的球棍模型	教师引入新知识时，更新原来的旧知识，给学生留下更深刻的印象
【教师引导】同学们的实验桌上有老师准备的橡皮泥以及牙签等实验器材，请同学们制作乙烯以及甲烷的球棍模型		
【教师注意】学生进行操作时，要注意学生的学习状态以及注意力是否集中，教师要及时进行指导	学生集中注意，认真听讲	
【教师提问】这种物质是乙烷，对吗？难道说大家都认为是乙烷吗，少数服从多数，多数人的观点一定对吗？这节课让我们一起来揭开它的神秘面纱		
② 讲授新课 幻灯片放映：乙烯的球棍模型 球棍模型 【教师提问】 　a.乙烯分子中，碳原子之间是怎样进行连接的呢 　b.碳碳双键这种结构决定了乙烯具有怎样的性质呢？请同学们认真思考	【学生回答】碳碳双键	

教师活动	学生活动	活动设计意图
【实物展示】 请同学们仔细观察乙烯的物理性质 【教师总结】乙烯的物理性质	认真观察并思考 【学生回答】无色稍有气味 学生整理笔记	调动学生各种感官，并充分参与到本节课的学习中
【演示实验】 （1）播放石蜡油分解实验介绍乙烯气体的来源 （2）播放将产生的气体通入酸性高锰酸钾溶液的实验视频，观察现象 （3）播放将产生的气体通入溴的四氯化碳溶液的实验视频，观察现象 【教师提问】褪色原理是什么呢？两种物质的褪色原理是否一样呢	注意观察，总结实验现象 【学生发现】溶液全部褪色	
【教师引导】酸性高锰酸钾具有什么性质呢？那么乙烯具有什么性质才能和具有这种性质的酸性高锰酸钾发生反应呢 【教师启发】根据氧化还原反应发生的原理进行思考 【教师讲解】乙烯与高锰酸钾发生氧化还原反应，证明了乙烯的第一个化学性质是可以发生氧化反应	【学生思考】应该不一样，为什么不一样呢 【学生回答】我们之前学过酸性高锰酸钾溶液具有氧化性，乙烯难道具有还原性吗	为学生复习打基础
【教师启发】请同学们思考一下乙烯使溴的四氯化碳溶液褪色，是同样的原理吗？请同学们注意，从乙烯的结构去思考这个问题。 【教师总结】乙烯可以发生氧化反应、加成反应等	【学生回答】是因为碳碳双键吗，因为双键被破坏了，对吗？ 仔细观察，整理笔记	充分启发学生的思维，调动学生主动积极地学习
【教师讲解】乙烯的主要应用：植物激素以及石油工业发展水平的标志		将所学的知识与学生的生活、生产实际联系在一起 将所学知识应用于实践，达到学以致用的目的

7.3 分析及建议

首先，通过学生自己制作乙烯和甲烷的球棍模型，可以让学生从分子的内部空间结构充分地了解乙烯和甲烷的区别。学生通过自己的实际操作，对乙烯中的碳碳双键的性质及乙烯的分子构型有了深刻的认识，并对官能团带来的有机化合物性质的不同有了一定了解，为以后学习有机化合物的各种官能团做了很好的铺垫。自己亲手制作模型，可以充分发挥学生的主体性，激发学生对于化学学习的兴趣。

其次，通过对实验装置的改进，大大缩短了学生进行实验的时间，避免了研究性教学耗费时间的问题，并且可以让学生自主灵活地控制化学反应的速率，能够更加清晰地观察到化学实验的现象，充分体现了一切教学以学生为主的思想。通过学生自己进行实验操作，获得的实验结果可以让学生的印象更加深刻，也能够让学生在实验的过程中体验到科学家进行科学探究的辛苦。

最后，笔者认为学好一门学科的关键是学生自身的兴趣，只有学生想要学习知识，知识对学生来说才有价值，同时也要注重知识与学生的日常生活以及社会交往之间的联系，只有在情境中学习到的知识，对于学生来说才是真正有意义的知识。乙烯是我国化学工业的核心，它标志着一个国家石油产业发展的兴衰，那么，通过创设情境，让学生学习乙烯这部分内容是十分重要的。本次教学设计是在学生原有知识的基础上进行深化，让学生能够自主地理解所要学习的知识，这样的学习才是有意义的学习，学生通过这种学习方式能够不断进步。

参考文献

[1] 邵康. 初中化学课堂中创新实验教学模式的探究[J]. 学周刊, 2016, 13(5): 178-181.

[2] 秦光献, 李德前. 例谈初中化学实验创新的科学性和简约性[J]. 教育与装备研究, 2016(5): 58-61.

[3] 郑长龙. 核心素养导向的化学教学设计[M]. 北京: 人民教育出版社, 2021.

[4] Li Y, Qu W. A blended teaching mode of university mathematics based on "Micro Class" and "Rain Class" under the internet plus background[J]. Advances in Applied Sociology, 2021, 11(12): 716-723.

[5] 王民. 初中地理教学策略[M]. 北京: 北京师范大学出版社, 2009: 19.

第 8 章

研究性教学在乙醇教学中的应用

众所周知，化学是一门抽象、复杂、琐碎的学科，对部分学生来说，化学是一门需要花费很多精力去学习的课程。在某个时间节点，若学生没有跟上教师的教学节奏，就会很容易跟不上进度甚至与其他同学的差距越拉越大。久而久之，他们就会渐渐丧失对化学的信心，从而导致化学成绩连续下降，最终甚至可能会对化学产生排斥心理。由于目前高中课堂的教学模式相对统一且教学任务繁重，学生们被迫接受机械的记忆方法，因此学习积极性就会大打折扣。所以如何让学生积极地学习高中化学，就成了每一位化学教师都需要解决的重要问题。

在乙醇教学内容中运用研究性教学模式，能够增强学生在课堂中的参与感，以及对乙醇的重难点知识有更深刻的理解。教师在课前布置开放型任务让学生通过资料搜集完成对乙醇的初步认识，设计教学过程时，对如何引课进行细致的研究，争取让素材贴近学生的生活实际，这样能够使学生理解到化学知识的生活化；对教学方法进行设计，对每一个知识点的教授都进行精心设计，利用多种教学手段提高课堂的互动性，并引导学生探索知识点背后隐藏的内容；梳理知识点时，要注重知识的准确性、完整性，帮助学生编织出完整的知识网。因此，研究性教学可以为学生提供清晰的知识架构，有助于他们建构知识层级，并形成科学的学习理念[1]。

本章对研究性教学进行分析，弄明白什么是研究性教学、研究性教学的特点、研究性教学的应用方法，然后借助乙醇的教学内容为载体，探讨研究性教学在中学化学中应用的可行性[2]。首先，研究性教学的含义及意义需要明晰[3]，研究性教学对我国中学化学教学发展有着明确的引导性，引导一线教师创新自己的教学方式和内容，利用丰富的教学经验对研究性教学加以运用，增强学生的参与感，巩固其主体地位。其次，在乙醇的教学过程中，教师使用研究性教学可以让学生对知识点的理解更上一层楼，不是简单地记住知识，而是理解知识点，并且通过扩展和延伸更好地掌握知识点。最后，思考怎样将研究性教学应用起来，对乙醇的知识点进行透彻分析，思考用什么样的方式能让学生产生浓厚的学习兴趣，设计出研究性教学应用于乙醇教学内容的教案，确保该课程的教学过程生动、有意义。

8.1 教材分析及学情分析

8.1.1 教材分析

（1）内容分析

教材的编排都是根据知识点的简易程度逐级深入的，乙醇是烃的衍生物中较为简单的物质，是中学阶段第一个仔细学习的烃的衍生物，所以教师有必要对本节内容进行研究设计，让学生有机化合物的学习有一个良好的开始。表 8-1 对乙醇在课程中的重要性进行了分析。

表 8-1　乙醇在课程中的重要性分析

内容位置	内容作用
乙醇的内容位于人教版高中化学必修二第七章"有机化合物"第三节的位置	在中学阶段，同学们对乙醇的基本知识有了初步的了解，本节课的内容继承了乙醇的概念、化学式、物理性质、可燃性和用途，并从组成、空间结构和化学性质出发进一步学习乙醇，构建"结构决定性质，性质决定用途"这一认知

（2）教材对比

以人教版教材为例，将新旧教材的主要内容进行分析，从教材的改变之处领略编者的意图，从而设计研究性教学，具体内容变动如表 8-2 所示。

表 8-2　不同版本教材中乙醇内容对比

项目	旧版	新版
引言	生活中的有机物种类丰富，在衣、食、住、行多方面应用广泛，其中乙醇和乙酸是两种比较常见的有机物	人们很早就知道用粮食或水果发酵生产酒和醋。酒中含有的乙醇和醋中含有的乙酸是两种常见的有机化合物
导入	乙醇是无色、有特殊香味的液体，密度比水的小，易挥发	早在几千年前，人类就掌握了发酵法酿酒的技术。各种酒类都含有浓度不等的乙醇，故乙醇俗称酒精。乙醇是无色、有特殊香味的液体，密度比水的小，易挥发
实验	有多个实验记录表格，实验内容中有许多具体数据，如"3～5mL 乙醇""10～15cm 长的铜丝"	仅对学生提出"观察实验现象，并与之前学习过的水与钠反应的实验现象进行比较"的要求，而且呈现了实验实物的图片

① 引言部分

就引言部分而言，新教材更加突出乙醇的生活价值，更紧密地联系日常生活，给了教师上课时创设情境的素材提示。因此在引课部分，可以通过生活中酿酒的例子简单介绍课题，如图 8-1 所示。

② 导入部分

从导入部分可以看出，新教材并没有像旧教材那样直接介绍乙醇，而是选择从我国的酒文化引出乙醇，有助于加强学生与知识点的联系，增进对知识的亲切感和学习兴趣，教师也更能将课堂设计得富有生活气息。在这个过程中，教师可以借用"烧不坏的手帕"的趣味实验、与酒有关的诗词、喝酒"醉酒"的生活情境、生活中乙醇的应用等示例进行导课。

图 8-1 关于酿酒的图片

③ 实验部分

新教材中的三个实验设计部分，更加注重实验内容的细节，增强了实验的直观认识，使学生的自主性得到了更好的发展。首先，在"乙醇与钠反应"的实验中，我们可以清楚地发现在新版教材中，删除了旧教材中的相关表格，只是对学生提出了较为开放性的问题，这个改变打破了教材对学生思维的限制，更有利于锻炼学生的创新发散思维，并根据自身所学对知识进行整合与分析[4]。其次，在新教材"乙醇的催化氧化"的实验中，我们可以看到，新教材呈现了该实验的实物图，这对于教师和学生来说，是一种更加直观的体验。最后，在新教材"乙醇的催化氧化"的实验中，新教材强调了实验的改进，让原本的定性实验更加注重实际情况，即对所需乙醇的量和铜丝的长度进行微量改进，根据具体实验设备，进行微型实验。

（3）教学方法和流程

教学方法：在乙醇的教学过程中，我们不难发现，乙醇是极其容易与生活联系起来的，因此在进行乙醇教学时，教师可以运用创设情境、实验探究、信息技术辅助教学、小组合作学习等方法。

教学流程见图 8-2。

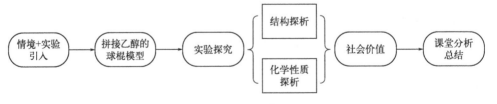

图 8-2 乙醇的教学流程图

（4）教学目标与重难点

① 教学目标

a. 在课程开始前查找材料，让学生了解乙醇的物理特质。

b. 通过模型搭建知道乙醇分子的空间结构，且知道同分异构现象的存在，认识乙醇的官能团。

c. 通过结构分析和实验探究让学生掌握乙醇的化学性质。

d. 结合乙醇的性质及应用，培养学生利用化学知识解释或解决生活中的问题的意识。

② 教学重难点

重点：乙醇的化学性质、结构探析。

难点：乙醇反应过程中的断键（反应本质）分析。

8.1.2 学情分析

乙醇属于日常生活中常见的物质，所以学生们都相对比较熟悉。在中学的时候，学生就接触过乙醇，但他们只知道乙醇的化学名称、化学式、物理性质、易燃性、使用方法等，却不知道乙醇的化学性质和结构。

高中的化学知识相对而言对学生各方面的素质要求都比较高，虽然学生具有一定的逻辑思维能力，但对于抽象问题的解决依旧稍欠火候，需要更多的训练[5]。本论文结合该特征，创设探究情境，以提高学生的创造性素质。

8.2 研究性教学在乙醇的导课教学中的应用

8.2.1 情境创设

恰当的情境是一堂好课的开始[5]，教师创设情境，不仅能迅速抓住学生的思绪，而且能有效地提升学生的学习兴趣，带领学生在课堂进行过程中，像一块海绵一般吸收源源不断的知识，这些知识不仅仅是课本上的现成知识，还有很多在情境中逐一显现的隐藏知识。学生在教师的引导下，感受化学的魅力，培养环保意识、创新意识和探析意识，这些"隐形"知识的价值远超过学生在试卷上拿到的高分。乙醇教学内容中情境创设具体流程见图8-3。

教师可以通过展示与乙醇用途有关的图片，例如乙醇用于消毒的图片（如图8-4所示），学生可以很直观地知道75%的乙醇可以用于消毒。图片介绍的方式

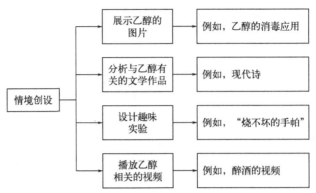

图 8-3　关于乙醇教学内容中情境创设的流程设计图

图 8-4　乙醇的消毒作用

远比书本上寥寥几句话更直观生动，更加深学生的记忆。

　　在介绍乙醇性质的时候，可以展示一些关于乙醇的文学作品（如图 8-5 所示），带领学生根据自己课前制作的乙醇性质的思维导图，找出该诗中所体现的性质。例如，"具有火的性格""她是倒在火上的油"两句表现出乙醇的可燃性，"水的外形"则表达出乙醇是无色透明的液态物质，按照学生的生活经验，不难理解乙醇具有"水的外形"这一句话的描述。从文学作品中找到化学知识，能激发起学生的探究意识。

酒

艾青

她是可爱的　具有火的性格　水的外形
她是欢乐的精灵　哪儿有喜庆　就有她光临
她真是会逗　能让你说真话　掏出你的心
她会使你　忘掉痛苦　喜气盈盈
喝吧，为了胜利
喝吧，为了友谊
喝吧，为了爱情
你可要当心　在你高兴的时候　她会偷走你的理性
不要以为她是水　能扑灭你的烦忧　她是倒在火上的油
会使聪明的更聪明　会使愚蠢的更愚蠢

图 8-5　关于乙醇的文学作品

趣味实验的引用，是最容易调动学生学习积极性的方法，课堂上如何让学生专注于课堂学习，是每一位教师都要思考的问题。在乙醇教学过程中，可以通过播放"烧不坏的手帕"视频或者演示该实验的方式，引导学生一步步紧跟老师的教学节奏并思考回答问题。例如，为什么视频中或者老师手中的手帕烧不坏呢？该手帕经过哪些处理了呢？该方式不仅增强了学习的趣味性，还保证了课堂的质量。

播放一段"醉酒"的视频，引导学生一起探寻"醉酒"的秘密。

8.2.2 乙醇教学中情境教学的实施

如图 8-6 所示，教师在备课阶段，需要明确要拓展的知识，并根据这些课本之外的知识进行设计，使教学过程充满挑战性与趣味性，学生通过自己搜集资料，对所学知识掌握得更好。比如，在"醉酒"的情境中，学生会思考为什么人在饮酒之后会出现醉酒的现象，通过各种渠道搜集资料得到大致原理之后，在老师的带领下，将该原理与乙醇的化学性质一一对应，用"化学人"的视角去认识"醉酒"，并主动用化学知识分析醉酒。

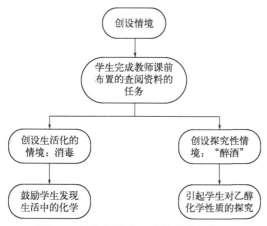

图 8-6　情境创设在乙醇教学中的应用

教学片段 1：导课及物理性质的学习

【教师活动】播放一段医护人员使用酒精进行消毒的视频。

【教师提问】同学们，对于疫情相信大家都有很多自己的想法吧。先不讨论疫情给我们的生活带来了什么不便，老师想问同学们在生活中，有没有感受到化学知识的应用？

【学生活动】在生活中，由于新型冠状病毒的存在，家中常备着消毒剂、消毒湿巾，医用消毒剂的成分是 75% 的乙醇（图 8-7）。

图 8-7　乙醇在生活中的应用

【教师活动】同学们说的都非常正确，我们这节课，就一起学习一下乙醇的相关内容。老师在课前布置了一个小任务，希望同学们借助网络平台，结合自己已有的知识，对乙醇的俗称、化学式、物理性质进行总结，用自己能想到的方式进行展示。

【学生活动】乙醇的俗称是酒精，化学式为 C_2H_6O，可以从色、味、态、密度、熔沸点、溶解性、特殊性质等角度归纳其物理性质。图 8-8 为乙醇相关知识的展示图。

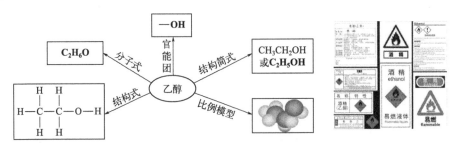

图 8-8　乙醇相关知识的展示示意图

教学片段 2：初探乙醇的化学性质

【教师活动】播放一段"醉酒"的视频。

【教师提问】同学们在生活中或者影视作品中有没有看到过因为过度饮酒而导致醉酒的场景？有没有哪位同学愿意与大家分享一下，老师课前让大家搜集的资料中，对于"醉酒"原理的解释？

【学生回答】小组之间分享后，派小组代表进行汇报。

A 同学：我绘制了一个乙醇进入人体后变化的整个流程图，如图 8-9 所示，希望大家多多指教。

图 8-9   乙醇进入人体后的流程图

B 同学：查百度可知，人体内的乙醛是乙醇代谢的产物，会导致面部潮红、心悸、血压降低。低浓度乙醛可引起眼、鼻、上呼吸道的刺激性症状及支气管炎，高剂量的吸入有一定的麻醉效果，临床表现为头疼、想睡觉、精神错乱等，可致命[6]。

C 同学：老师，我查找资料之后，按照自己的理解制作了一张图片（如图 8-10 所示），展示了乙醇进入人体之后的整个过程。

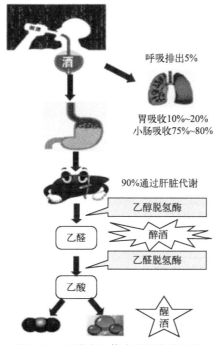

图 8-10   乙醇在人体内的变化演示图

8.3   研究性教学在乙醇结构及化学性质探析中的应用

8.3.1   实验教学

化学的教学过程中离不开实验的教学，研究性教学与实验的适配度极高，教师在教学过程中，采用研究性教学，使得反应物的本质一步步揭示出来。实验教学在一定程度上提高了学生的逻辑思维和动手能力，有些理论性知识单纯靠教师叙述会显得格外单调、苍白，但是将枯燥的理论知识用实验的方式进行教学，不仅可以增强课堂的趣味性，还能促进学生对知识的吸收；通过动手做实验，会使学生的思考方式、探究思路中存在的问题浮现出来，不仅学到理论知识，还学到了该如何进行研究，这有利于培养学生的自学能力。

8.3.2 实验教学的应用

如图 8-11 所示，以乙醇的结构探究为例，教师可以设计"探究有机物结构"的研究课题，问题看似有点摸不着头脑，但实验中学生会发现可以通过有机物的官能团进行实验设计，并可以进一步设计出探究有机物化学性质的实验。除此之外，还可以设计对照实验来引起学生的思考，例如，在乙醇与钠的反应实验中，可以安排学生同时做一个钠与水的实验，观察二者的反应现象，并思考产生差异的原因。通过查找资料的方式，从"结构决定性质"的基本原理出发，由实验现象探究本质，从而加深对化学结构的认识。可以说，这是一种理论和实际的结合、现象和本质的统一。

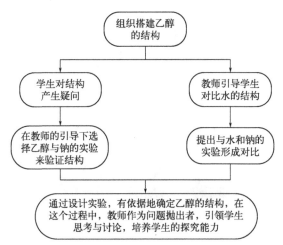

图 8-11 实验教学在乙醇教学中的应用示意图

教学片段：实验改进

【教师活动线】准备实验所需物品—指导学生做实验—提出实验改进的想法。

【学生活动线】分组完成实验—得出结论—思考实验改进之处。

【学生活动】完成书本实验。

【教师活动】同学们在做实验过程中，有遇到哪些困难吗？

【学生活动】A 同学：在实验过程中，收集气体验纯时，效果并不明显，可能是由于在塞入橡胶塞时，速度不够快，导致反应产生的气体全跑了，也可能是放入药品时，反应迅速进行，而产生的气体较少，从而导致现象不明显。

B同学：在实验过程中，由于带尖嘴导管的橡胶塞数量不够，需要几个组之间交换使用，这样不是很方便。

C同学：在实验过程中，对于药品的量把控不好，容易导致药品浪费。

【教师活动】同学们在实验过程中的观察与思考都非常有意义，请同学们小组讨论一下，我们可以怎么改进这个实验？对于药品浪费这个问题，我们一般会采用微型实验的方式来避免，同学们可以从这个角度来设计改进实验。

【学生活动】根据书本上的实验图片，我们可以将生活中的针筒用来做实验装置，这样既可以随时控制反应的进行，同时也保证了装置的气密性，防止气体逸出过多，导致实验效果不明显。改进操作如表8-3所示。

表8-3　乙醇与钠反应的改进实验

书本实验操作	改进实验操作
在装有少量无水乙醇的试管中，加入一小块经过处理的钠，在试管口迅速塞上带尖嘴导管的橡胶塞，用小试管收集气体并检验其纯度，然后点燃，再将干燥的小烧杯罩在火焰上。待烧杯壁上出现液滴后，迅速倒转烧杯，加入少量澄清石灰水，观察现象（如图8-12所示）	在针筒中加入适量的钠，抽取适量乙醇（装置如图8-13装置1所示），观察现象。之后将针筒朝上放置，点燃针尖（装置如图8-13装置2所示），并且将一个不含水分的烧杯放在火焰上方，待燃烧结束后，将烧杯放好，倒入澄清石灰水，观察该现象

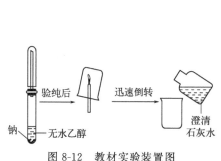

图 8-12　教材实验装置图

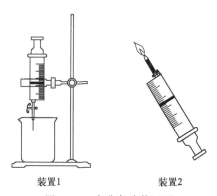

图 8-13　改进实验装置图

8.4　研究性教学在乙醇教学案例设计中的应用

（1）课前准备

要求学生查阅资料并结合课本将乙醇的相关知识点按照自己的思路进行罗

列，设计思维导图，并在课后进行评价。

（2）教学过程

教学环节一：情境导入

乙醇导课部分教学设计见表 8-4。

表 8-4　乙醇导课部分的教学设计

教师活动	学生活动	设计意图
播放视频，引出本次课堂的主角——乙醇	耐心地观看视频，积极思考、回答老师的问题	通过真实生活情境引入，使学生能更好地感知乙醇的用途
带领同学们一起总结乙醇的相关知识点，着重介绍乙醇汽油	课前查找资料，将乙醇的相关知识点进行罗列，并设计思维导图	与初中所学过的知识相呼应，形成知识框架。乙醇汽油的介绍是化学知识与社会生活密切融合最直接的展示，有利于培养学生的环境保护意识
引导同学们通过化学式搭建乙醇的结构模型，判断出乙醇的结构	小组合作，搭建出乙醇可能存在的结构	动手搭建才会对乙醇的空间结构有更深刻的印象

【教师活动】带领学生总结乙醇的物理性质。

【学生活动】总结物理性质并记忆。

【教师活动】其实乙醇除了用于消毒，还有很多用途，请同学们 4 人为单位讨论、汇报。

【学生活动】乙醇可以用作燃料，如酒精灯、内燃机等；作为化工原料，用于生产医药、香料、化妆品、涂料等；可作为溶剂用于碘酒等产品。

【教师活动】大家的课前准备工作做得都非常到位，对于乙醇的实际应用概括得也很完善，老师只需要再补充一个点。请同学们跟老师一起看一下这个视频，认识一种新能源——"乙醇汽油"。

【学生活动】观看视频。

【教师活动】看过视频之后，老师想问一下同学们，为什么现在都在大力推广乙醇汽油？原先使用的汽油有什么缺点？

【学生活动】汽油是不可再生的，且使用后对环境污染很大。乙醇汽油燃烧后产生的污染少，而且效果与汽油差不多。

【教师活动】看来同学们都很认真，这个视频中将化学对我们的日常生活的积极影响表现得非常明确，希望同学们在经过更系统的学习之后，在不久的将来也可以发现一些新型材料，为保护我们的居住环境做出一份贡献。老师现在想问大家一个问题，为什么乙醇可以在生活中被应用得这么广泛呢？

【学生活动】应该与乙醇的结构有关系。

【教师活动】同学们的思路非常对，在化学里，有一句话叫作"结构决定性质"，老师准备了一些橡皮泥和牙签，请同学们尝试搭建出乙醇的球棍模型。

【学生活动】用材料搭建结构（图8-14）。

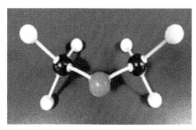 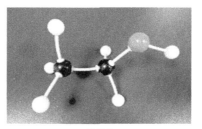

结构1   结构2

图 8-14 C_2H_6O 的可能结构

【教师活动】引导学生设计实验来探析乙醇的结构。

教学环节二：探析结构

乙醇结构探析教学设计见表8-5。

表 8-5   乙醇结构探析的教学设计

教师活动	学生活动	设计意图
提示学生与 H_2O 分子的结构进行比较，设计方案确定结构	积极思考，开拓思维	培养团队协作意识，指导学生进行知识嫁接，提高思维创新能力
做乙醇与钠反应的实验	由学过的水与钠的反应判断出 O—H 键容易断裂，从而设计乙醇与钠的反应实验	
介绍官能团	理解，思考	建立起官能团的概念，对于有机物的学习，无论是简单的还是复杂的有机物，掌握官能团之后，该有机物的性质就大致掌握了

【教师活动】引导学生设计实验确定乙醇的结构。

【学生活动】设计乙醇与钠反应的实验，并与水和钠的反应进行对比。实验步骤如表8-6所示。

表 8-6   钠与乙醇的实验设计

实验操作	实验现象
实验1：在针筒中加入适量的钠，抽取适量乙醇，观察现象	钠沉到乙醇下方，钠块并未熔化，钠块表面出现气泡，但未听到明显声音

实验操作	实验现象
实验 2：将实验 1 的针筒朝上放置，点燃针尖，放一个干燥的烧杯于火焰上方，燃烧结束后，正放烧杯，倒入澄清石灰水，观察现象	气体安静燃烧，水雾出现在烧杯内壁。烧杯内的澄清石灰水仍然澄清

反应方程式：$2CH_3CH_2OH + 2Na === 2CH_3CH_2ONa + H_2 \uparrow$

【教师活动】同学们可以说一下从实验现象里你得到了什么结论吗？

【学生活动】实验 1 的现象表明，乙醇可以与钠发生反应，并产生了气体，说明乙醇的结构是图 8-14 中的结构 2。实验 2 的现象表明，产生的气体是氢气，而不是二氧化碳。这两个实验表明，乙醇与钠的反应过程中，断裂的是 O—H 键，而不是 C—O 键。

【教师活动】同学们的分析都十分准确，老师想请同学们一起看一下书本上关于官能团的介绍，这样大家对乙醇的性质就会多一些了解。看老师演示完乙醇与钠的反应实验之后，老师想请同学们回忆一下在之前课程中学过的钠与水的反应，将两个实验对比一下，以小组为单位，说一说自己的看法。

【学生活动】分组讨论，并记录（如表 8-7 所示）。

表 8-7　钠与乙醇及钠与水反应的实验现象对比

钠与乙醇	钠与水
钠沉没在乙醇中，钠块不变形且表面产生气泡，未听到明显声音	钠浮于水面，钠块变形，产生大量气泡，听到声音（浮、游、熔、响、红）

结论：乙醇与钠的作用要弱于钠与水的反应，这表明，乙醇羟基中的氢原子并没有水中的活泼。

教学环节三：化学性质探析

乙醇化学性质教学设计见表 8-8。

表 8-8　乙醇的化学性质教学设计

教师活动	学生活动	设计意图
布置预习作业，让学生们查找乙醇进入人体之后发生的一系列反应。通过播放醉酒视频或者图片，提问引出乙醇的化学性质	课前查找资料并记录	在特定的情境中学习有益于激发学生的学习兴趣，促进知识的建构与嫁接，而这就是广义上提高学生思维能力的体现
指导学生完成课本上实验	动手操作，完成实验	
播放动画演示乙醇催化氧化微观反应机理	利用搭建的模型，分析变化实质	通过动画展示乙醇催化氧化的微观机制，减轻了学生的学习难度，提高了学生的学习热情

【教师活动】同学们在生活中一定通过各种方式见到过人喝醉之后的画面吧？有没有同学愿意告诉大家，为什么人在饮酒之后会出现"醉酒"的现象？

【学生活动】解释"醉酒"原因。

【教师活动】同学们很认真地对待我们的作业，展示得都非常精彩。因为大多数人体内的相关酶水平不够，会造成身体中乙醛的残留，使大脑反应迟缓，长期酗酒将造成不可逆的损伤。

【教师活动】通过同学们自行查找资料，我们知道了乙醇在一定情况下会被催化氧化成乙醛，接下来，我们一起来操作一下书本上的实验吧。

【学生活动】分组完成实验（实验设计参见表8-9）。

表8-9　乙醇的催化氧化实验设计

实验操作	实验现象
将一条干净的铜线下端卷起来，放在酒精灯上灼烧一小会儿，再把它放进盛有乙醇的试管中，做多次，观察现象	烧过的铜丝置于装有乙醇的玻璃管内，铜丝的表面从黑色变红色，并会产生刺激性的气味

反应方程式：$2CH_3CH_2OH + O_2 \xrightarrow[\triangle]{Cu} 2CH_3CHO + 2H_2O$

【教师活动】播放动画演示乙醇催化氧化微观反应机理。提出问题：在这个过程中，老师想请大家思考一下，在乙醇发生反应时，具体断开的是哪个键呢（图8-15）？

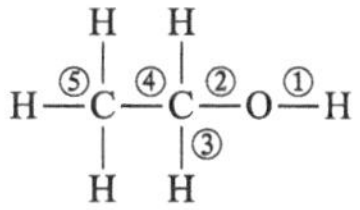

图8-15　乙醇的结构式示意图

【学生活动】断①③键。

【教师活动】钠与乙醇反应过程中，断开的是哪个键？

【学生活动】断①键。

【教师活动】我们在前边的学习过程中提到了乙醇汽油，同学们可以写出乙醇在空气中燃烧的反应方程式吗？在这个过程中，又有哪些键断开了呢？

【学生活动】燃烧反应方程式：$CH_3CH_2OH + 3O_2 \xrightarrow{点燃} 2CO_2 + 3H_2O$

在这个过程中，断①②③④⑤键。

【教师活动】大家的思路都非常清晰，说明这些内容掌握得都不错。用其他的强氧化剂可以氧化乙醇吗？请同学们设计一个实验现象比较明显的实验。

【学生活动】设计乙醇与酸性高锰酸钾的实验（参见表8-10）。

表 8-10　乙醇与酸性高锰酸钾的实验

实验步骤	实验现象	结论
在干净透明的试管中加少量酸性高锰酸钾溶液，逐滴加无水乙醇，震荡试管	溶液褪去紫红色	乙醇可被强氧化剂（如酸性高锰酸钾）氧化

【教师活动】过去交警使用的呼气式酒驾检测仪器，采用乙醇与强氧化剂发生反应的原理，将三氧化铬（CrO_3）硅胶进行硫酸酸化，通过硅胶的颜色来判断驾驶员是否饮酒后驾车[7]。为准确判断是酒后驾驶还是醉驾，现在多使用采用红外吸收或电化学原理的数码显示乙醇检测器。对于本节课内容，同学们还有什么疑问吗？

【学生活动】老师，为什么每个人对乙醇的接受程度是不同的，有些人可以喝好多，而有的人却会"一杯倒"，这是因为什么呢？

【教师活动】同学们的问题问得非常棒，其实在我们学过化学的人看来，"喝酒伤身"是因为乙醇会在人体内转化为乙醛，因为乙醛的存在人体健康会受损[8]。有的人因为体内乙醛脱氢酶含量高，将乙醛进一步催化转化成了几乎无害的乙酸，所以酒量极好。乙酸是醋的主要成分，经过人体代谢最终变成水和二氧化碳排出人体。我们下节课要重点学习的就是乙酸。

教学环节四：课堂小结

【教师活动】本节课我们以消毒为切入点展开学习了乙醇的相关知识。同学们可以分享一下今天你学到了什么吗？

【学生活动】A 学生：我们掌握了乙醇的物理性质，知道了它的化学式，并通过化学式搭建模型，确定它的结构式。

B 同学：今天的学习让我"看到了"乙醇在人体内的一系列反应。

C 同学：我印象最深的是乙醇汽油以及交警测酒驾的介绍，而且我亲手做了与测酒驾原理相同的实验，真切地感受到化学在生活中的应用。

D 同学：这节课我从分子结构上知道了反应的本质，从微观角度对有机反应有了新的感受。

【教师活动】同学们的分享都十分有价值。现在老师带领大家对今天的知识点做一个系统的总结吧（如图 8-16 所示）。

8.5　分析及建议

乙醇是高一学生在初中就已经接触过的有机物质，因此在教学过程中对知识点的归纳应注意详略得当，将有限的课堂时间分配得更加合理，如对乙醇的物理

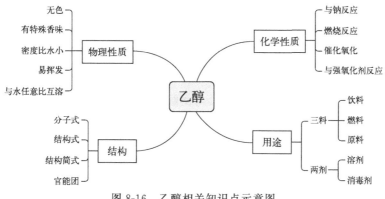

图 8-16　乙醇相关知识点示意图

性质、实际用途简单带过，对乙醇的结构及化学性质进行研究性教学，加深学生对知识的记忆与理解。现从以下三个方面对本章中的教学设计过程进行反思。

（1）创设的教学情境与生活实际密切相连

创设与社会热点相关的教学情境，也是落实课程改革理念的必要举措。"防疫期间利用酒精消毒""解释醉酒的原因"等情境，让学生深刻感受到生活与化学密不可分，对学习化学产生浓烈的兴趣，不断学习化学知识，解决生产生活中的具体问题，树立社会责任感，从各方面提高学生的化学核心素养。此外，教师还可以创造化学与其他学科知识相联系的教学情境，展示化学与其他学科携手解决生活中的热点问题，让学生在生活情境中感知化学的魅力。

（2）教学过程的设计要考虑学生的差异

学生的认知层次存在差异，实验探究乙醇结构的过程中，思维活跃、反应灵敏的学生会容易得到答案，而基础较弱的学生则存在一些困难，需要教师更多的启发与铺垫。同时，教师不能由此就禁锢思维，怕学生得不到正确答案就减少学生的自主探究活动，应更多地"放手"让学生去做，让学生动手搭建模型、进行实验设计，让学生在做中学，相信学生可以通过自己的亲身实践检验出真理，提高创新能力。

（3）丰富课堂活动，引发学生思考

教师要根据学生的认知和学习能力设计丰富多彩的课堂活动，让学生成为课堂的主体，而不仅仅是课堂教学的聆听者。进行研究性教学时，通过设计多样的课堂活动——创设"醉酒"的情境引导学生主动探究乙醇在人体内的一系列变化，为确定乙醇的结构搭建模型，并设计实验，在这个过程中教师要充分发挥学生的主观能动性，让学生在交流探讨中进行深度学习，从而提高学生的学习效果。教师还要启发学生思考，让学生在实验结束之后，针对实验中存在的问题进行思考，并提出改进措施。

参考文献

[1] 戴蔚荃，王小燕，周长江，等. 研究性教学在化学基础性实验课中的应用[J]. 药学教育，2011，27(5)：54-56.

[2] 唐平，李智.《普通高中化学课程标准(2017版)》"内容要求"与"学业要求"的探析与研讨[J]. 云南化工，2021，48(10)：175-177.

[3] 杨静，包建春，唐亚文，等. 研究性学习在无机化学教学中的应用[J]. 大学化学，2016，31(12)：9-12.

[4] 李兴华. 人教版高一化学必修一教材分析[J]. 语文课内外，2018，32(2)：141-176.

[5] 郑康. 研究性教学研究：回顾、反思与展望[J]. 中学物理，2016，34(17)：6-8.

[6] 李兴华. 人教版高一化学必修一教材分析[J]. 语文课内外，2018，32(2)：141-176.

[7] 董孝忠. 基于项目式学习的高中化学教学实施策略探析——以"乙醇"教学为例[J]. 高中数理化，2021，16(13)：67-68.

[8] 周光礼，周详，秦惠民，等. 科教融合 学术育人——以高水平科研支撑高质量本科教学的行动框架[J]. 中国高教研究，2018，16(08)：11-16.

第9章

研究性教学在甲烷教学中的应用

在传统的教学模式下，教授新课时，通常是"备课""上课""辅导""批改作业""测验""评价"等几个环节，死板枯燥，学生长期都处于被动地接受学习当中。与其他教学模式教师和学生之间的互动不同，在研究性学习思想的指导下，知识生成过程是经过设计的，让学生尽可能都参与到课堂当中。这种模式下，不会将知识按部就班地灌输给学生，而是提前创设一种有助于激发学习兴趣的学习情境，充分调动学生的主动性和积极性，让学生主动发现问题、分析问题、解决问题，和教师一起探索新知识。

本章从教师的角度出发，以甲烷教学内容为例，进行系统、深入的研究，使教师能够准确地找到研究性教学模式与高中化学教学内容的结合点，进而让研究性教学在高中化学教学工作中发挥它应有的作用，以期进一步为我国高中化学课堂研究性教学体系提供借鉴。甲烷是最简单的有机物，也是学生系统学习的第一种有机物。通过研究性教学策略及方法，结合具体教学实施过程，把教师的主导作用和学生的主体地位有机地结合起来，全面深入地学习甲烷，不仅可以使学生掌握研究有机物结构和性质的基本思想和主要方法，而且可以帮助学生对有机物有更全面、更系统的认识，培养良好的化学思维，提高学科素养。而对于一线教师自身而言，不仅转变了教育思想观念，改善了传统教学方式以及学习方式，也为其在甲烷教学的方法上提供思路和参考。

9.1 教材分析及学情分析

9.1.1 教材分析

在《普通高中化学课程标准（2017 版）》必修阶段主题 4 "简单的有机化合物及其应用"这一部分中，对于"最简单的有机化合物——甲烷"这一课题在内容上也给出了相应要求[1]。首先，以甲烷为例，通过了解甲烷的空间结构特征，认识有机化合物中碳原子的成键特点、价键构型以及有机化合物分子的基本空间结构。其次，学习并掌握甲烷的物理性质、化学性质，知道有机化学中一些常见的反应类型及这些反应的原理、特点等，比如常见的氧化反应、加成反应、取代反应等。因此不难看出，本节课的教学重难点在于甲烷分子的正四面体空间构型和甲烷的主要化学性质。教师可以指导并组织学生动手搭建球棍模型以及了解科学家探究甲烷分子结构的发展过程，猜测并探究验证甲烷的化学性质，这将有助于学生更好地认识理解甲烷的结构特征，从而初步建立起"宏观辨识与微观探析"的化学学科核心素养，以及化学结构决定物质性质的化学思想。

甲烷内容被编排于人教版必修二第三章第一节，在有机物的课程学习中特别强调学生要很好地把理论知识与实际应用融合在一起，做到学以致用。这节课是学习有机化学的第一课时内容，学生对于教学内容的接受及掌握程度，将直接影响到后面对于其他有机物的学习。所以，对甲烷的学习就是有机化学旅程的开始。教学内容中，首先介绍生活中常见的燃料，如天然气、沼气等，其主要成分都是甲烷，讲述甲烷既是一种清洁无毒的高效能源，也是重要的化工原料。由此让学生认识到甲烷可以造福人类，解决能源问题，但是过度开采会造成环境问题，帮助学生树立起科学的价值观。其次，通过一些实践活动（用纸板剪裁模拟结构、橡皮泥搭建球棍模型）来认识甲烷的空间结构。这些实践活动的设置，可以更好地帮助学生比较深入地理解认识甲烷的空间立体结构，知道碳原子的成键特征，进而培养学生的空间立体思维能力，为以后的学习奠定基础，同时也培养了学生"模型认知""微观探析"的核心素养。最后介绍甲烷的主要化学性质（稳定性，氧化反应，取代反应）。对于甲烷与氯气的取代反应过程的学习，教材设置了一个对比实验，帮助理解该反应的条件及原理，对于学生科学探究与创新意识的培养起到重要作用[2]。

9.1.2 学情分析

（1）知识基础

① 对于高一下学期的学生来说，已经学习了必修一中元素化合物、物质的组成、基本概念原理等知识，具备了一定分析问题、合作探究的能力。

② 学生在初中已经知道甲烷是天然气的主要成分，作为燃料可以燃烧。

③ 高一上学期也学习过甲烷的电子式、结构式的书写以及碳原子的原子结构、最外层电子数等[3]。

（2）认知障碍

① 对于物质结构的认识，学生的思考方式比较局限，主要是从原子和元素角度出发，思维还停留在物质组成层面，对于有机化合物分子的空间结构这种抽象的知识，学习起来有一定的困难。

② 对于分子结构的认识，有待学习。对于"结构决定性质"这一思想观念的认识也不够深刻。

③ 对于共价化合物，学生也只是在必修一的学习中接触过，并且大部分都是无机化合物，很少了解有机化合物中的共价键，比如碳原子之间、碳原子与其他元素的原子之间形成的共价键[4]。

综上所述，在讲解本节课的知识点时，教师采用研究性教学模式，通过一定的教学手段，调动学生的积极性，让学生自主探究，对于甲烷的结构性质、化学性质进行深入分析研究，落实本节课的重难点内容，为以后学习其他有机化合物奠定基础。

9.2 研究性教学在甲烷的正四面体结构探析中的应用

9.2.1 教学思路

主要选择甲烷的正四面体空间结构，结合研究性教学模式展开教学。首先播放"魔鬼地带"神秘的百慕大三角的相关视频，引起学生的注意，激发学生的好奇心，进而引起内在主观求知欲望。然后根据研究性教学的一般环节对"甲烷的正四面体结构"展开研究，同时扩展"碳原子的成键特点"。因为学生是第一次系统地学习有机化合物分子的空间结构这种抽象的知识，空间思维能力还比较薄弱，所以让学生逐步形成空间思维能力，理解甲烷的空间结构以及碳原子的成键特点成为一大难点。本节设计利用研究性教学的优势，通过学生自主查阅资料了解科学家探究甲烷分子结构的历程，动手搭建模拟甲烷的空间结构等活动来认识甲烷的结构及碳原子的成键特点，进而为以后的学习打下基础。教学设计思路如图 9-1 所示。

9.2.2 研究性教学过程

教学环节一：新课导入——甲烷初步感知

【教师活动】多媒体播放视频："魔鬼地带"神秘的百慕大三角。引出本节课甲烷的相关内容。

【学生活动】仔细观看视频，初步认识甲烷。

【教师活动】提问：甲烷在自然界中主要的存在形式是什么？

【学生活动】自主阅读教材中的内容，总结归纳，并回答问题。

【教师活动】多媒体展示图片（天然气、沼气、油田气等）进一步了解甲烷的存在形式。展示一瓶甲烷气体让同学们观察物理性质。提问：同学们对甲烷了解多少呢，可以试着写出电子式、结构式吗？

【学生活动】总结物理性质，并书写电子式、结构式，然后在小组之间进行交流讨论。

【教师活动】通过以上的学习，同学们对甲烷有了初步的认识，那同学们知

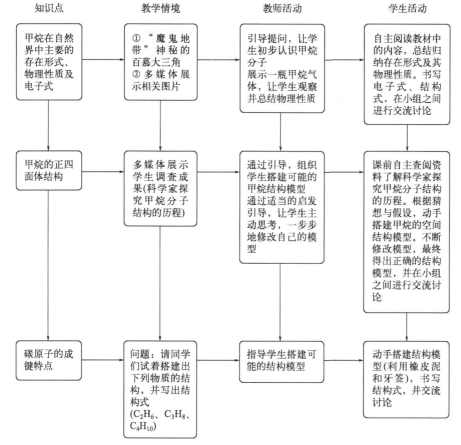

图 9-1 甲烷正四面体教学流程

道科学家们是如何发现甲烷并一步步探索甲烷的结构的吗？

教学环节二：新课教授——甲烷结构探索

（1）创设情境，引入课题

【学生活动】课前让学生以小组为单位，去图书馆或者上网查阅相关资料，了解科学家探究甲烷分子结构的相关历史，并形成成果报告。

【教师活动】多媒体展示学生调查成果。

① 据记录，我国是最早发现甲烷的国家。《易经》中就记录："象曰：泽（沼泽）中有火"[5]。

② 公元 1700 年以后，一些欧洲的科学家发现了甲烷并开始对甲烷的性质进行研究。

③ 在 1776 年，意大利物理学家伏打在意大利科摩湖的淤泥中发现了甲烷这种气体[6]。他用木棍搅动沉积在湖底的淤泥，发现有气泡产生，然后他将该气体

收集到瓶子中并点燃，发现火焰呈蓝色，并且当空气的体积达到一定数值（大约为 10～12 倍）时就会发生爆炸。

④ 1790 年，英国医生奥斯汀将甲烷和氢气分别进行燃烧，然后做分析对比，他发现甲烷相比于氢气更重，燃烧产物分别为二氧化碳和水，所以得出结论：甲烷是由 C、H 组成的化合物。

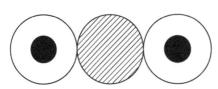

图 9-2　道尔顿提出的甲烷结构

⑤ 1808 年，英国化学家道尔顿对甲烷的化学组成进行了测定，认为甲烷的分子组成为 CH_2，由此提出了第一个甲烷的结构式，如图 9-2 所示。

⑥ 1858 年，化学家凯库勒提出，甲烷中碳元素的化合价是四价，甲烷的分子组成应为 CH_4[7]。

⑦ 1874 年，荷兰化学家范特霍夫提出四面体学说，即甲烷分子呈正四面体结构。

⑧ 20 世纪以后，科学家们利用 X 射线和电子衍射等现代技术，进一步确认了甲烷的真实空间结构（正四面体结构）。

过渡：同学们对科学家探究甲烷分子结构的历程有了一定的认识，请以小组为单位，利用手中现有的材料，搭建出甲烷可能的结构吧！

（2）猜想假设，设计方案

【学生活动】根据猜想与假设，动手搭建甲烷的空间结构模型（材料：不同颜色的橡皮泥、牙签）。

【教师活动】展示学生搭建的模型。（主要有三种模型：正四面体形、四棱锥形、平面正方形[8]，如图 9-3 所示）。设疑：哪一种模型是最合理真实的？

图 9-3　学生搭建的结构模型

【学生活动】思考交流。

【教师活动】甲烷的结构到底是哪一种呢？我们该如何思考呢？

【学生活动】甲烷分子中四个碳氢键完全相同，其键长、键能、键角也相同，可以从这方面入手考虑。

【教师活动】同学们的思路很活跃。结合你们的想法，老师有几个问题：

① 甲烷分子中存在什么化学键？

② 各原子之间存在什么力？原子和原子的距离对于这种作用力有什么影响？

【学生活动】根据共价键的定义判断，CH_4 中存在共价键。原子之间存在引力和斥力，原子和原子之间离得越近，斥力越大。

【教师活动】综合以上回答，同学们思考一下，甲烷分子中各原子该如何排列？键角又是怎么样的？

【学生活动】甲烷分子中各原子之间，应该尽可能地离得较远，这种情况下斥力较小，比较稳定。四个碳氢键完全相同，键角也相同。所以甲烷的结构可能是：平面正方形或正四面体形。

【教师活动】在历史上，科学家们研究甲烷的结构时也遇到了同样的问题。范特霍夫提出物质稳定存在时都趋向于能力最低的状态，当甲烷的四个氢原子均匀地分布在碳原子的周围时，甲烷分子具有的能量才最低，才可以更稳定存在。请同学们结合自己的模型，看氢原子是否均匀分布。

（3）收集信息，归纳整理

【学生活动】交流思考，并修改自己的模型，得出结论。甲烷分子的空间结构为：正四面体。其顶点是四个氢原子，中心是碳原子。

【教师活动】让各小组展示搭建的模型。

（4）表达交流，评价反思

【学生活动】互相交流探讨自己的想法，认识甲烷的空间结构。

【教师活动】CH_4 分子中存在共价键，根据共价键的定义可知，共价键是以共用电子对形成的化学键，而共用电子对之间存在斥力。接下来同学们利用气球模拟甲烷的结构来感受一下这种斥力的作用。

【学生活动】将四个气球扎在一起，自然状态下气球会呈现四面体结构，如图 9-4 所示。

教学环节三：巩固提高——知识学以致用

【教师活动】科学家们利用现代仪器手段，测出了甲烷的空间结构。老师给大家展示了甲烷分子的结构示意图、电子式、球棍模型和比例模型，如图 9-5 所示。

图 9-4　气球模拟结构图

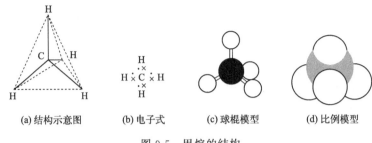

(a) 结构示意图　　　　(b) 电子式　　　　(c) 球棍模型　　　　(d) 比例模型

图 9-5　甲烷的结构

讲授：甲烷分子的结构模型，区分球棍模型和比例模型。介绍甲烷中碳原子杂化类型（sp^3 杂化），如图 9-6 所示。

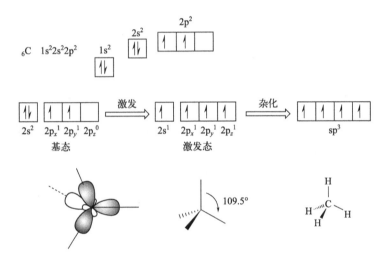

图 9-6　甲烷 sp^3 杂化轨道形成过程

【学生活动】认真聆听老师的讲解过程，更加深刻地理解甲烷的结构。

【教师活动】初步了解了碳原子的成键特点，同学们可以试着搭建出下列物质的结构，并写出结构式吗？（C_2H_6、C_3H_8、C_4H_{10}）

【学生活动】动手搭建结构模型（利用橡皮泥和牙签），书写结构式，并交流讨论。

【教师活动】指导学生，完成练习。

教学环节四：课堂小结——升华学生思维

【教师活动】提问：通过本节课的学习，同学们有哪些收获？

【学生活动】从知识技能、情感态度方面交流讨论每个人的收获。

教学环节五：课后作业——检验学习效果

【教师活动】布置课后作业：

① 完成相应课后习题。

② 查阅资料，了解"西气东输"工程。

③ 思考有机物中碳原子成键的其他形式。

9.3 研究性教学在甲烷化学性质教学中的应用

（1）教学目标

① 知识与技能：掌握甲烷的化学性质，理解甲烷与氯气发生取代反应的过程和原理，会书写甲烷取代反应的化学方程式。

② 过程与方法：通过分组实验，提高观察分析、合作交流、动手操作的能力，初步建立起研究有机物化学性质的基本思路和主要研究方法。

③ 情感态度与价值观：体验实验探究的乐趣，培养科学严谨的实验精神；了解甲烷的用途，体会化学与生活的紧密联系，培养学习兴趣。

（2）教学重难点

① 重点：甲烷的主要化学性质。

② 难点：甲烷与氯气发生取代反应的反应原理。

（3）教学方法

实验探究法、研究性学习策略、讲授法、多感官学习。

（4）教学设计思路

该教学设计主要选择甲烷的化学性质（氧化性、稳定性，发生取代反应），以研究性教学模式展开。首先通过两则新闻报道，让学生认识甲烷的用途及研究价值，激发学生的兴趣。然后通过合理的引导，进行甲烷化学性质的探究。对于化学性质稳定性相关内容的学习，学生自己动手实验，亲身体验研究过程，进而提高学生的实验操作能力。由于 CH_4 和 Cl_2 的反应过程比较特殊，所以教师通过演示实验来展开教学。取代反应的反应原理是本节课的难点，它是学生接触的第一个有机反应类型，本设计通过微观模拟动画以及利用球棍模型动手模拟反应过程，突破难点，加深学生的理解。

本节课的教学设计思路流程如图 9-7、图 9-8 所示。

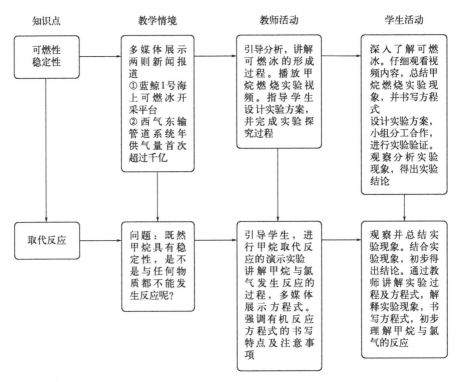

图 9-7　甲烷的化学性质教学设计流程图一

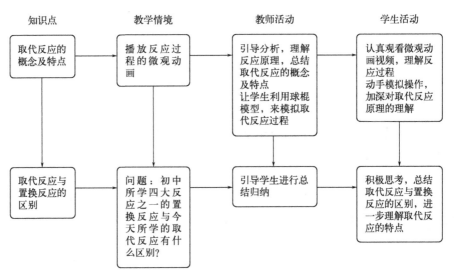

图 9-8　甲烷的化学性质教学设计流程图二

（5）教学过程

教学环节一：新课导入——启迪学生思维

【教师活动】多媒体播放情境案例。

案例一：据报道，中国高 118 米深海巨兽——蓝鲸 1 号海上钻井平台是中国技术最先进的可燃冰开采平台，其多项技术打破世界纪录。对此，专家表示，蓝鲸 1 号的出现，预示着中国海上钻井技术突飞猛进，已经处于世界领先的地位。

案例二：据报道，西气东输管道系统 2021 年累计供气量首次超过 1000 亿立方米，这一巨大成果，进一步加快了中国能源结构的优化和现代化进程。

提问：案例一中出现的可燃冰是由什么物质形成的？

案例二中西气东输工程运输的气体是什么？

【学生活动】回答：可燃冰是由甲烷气体形成的；西气东输工程运输的气体是天然气（甲烷）。

【教师活动】可燃冰的主要成分是甲烷气体的水合物。水分子在海底高压低温的条件下，通过氢键结合形成网状结构，它可以吸收甲烷气体形成水合甲烷。因为其外观形如一个灰色的大冰球，故称为可燃冰。甲烷是一种重要的化工原料，同时它也是一种燃料，被广泛应用于生产生活中。据统计甲烷的燃烧量占每年燃料燃烧总量的 25%。

设疑：甲烷可以作为燃料，体现了什么性质？天然气长途运输的过程体现了其什么性质？

教学环节二：新课教授——化学性质探索

知识点一：稳定性

① 引导设疑，提出问题。

【学生活动】思考问题，并在小组之间讨论交流（稳定性和可燃性）。

【教师活动】甲烷既然可以作为一种燃料，必然具有可燃性（多媒体播放甲烷燃烧实验视频）。

【学生活动】仔细观看视频内容，总结甲烷燃烧实验现象，并书写方程式。

【教师活动】了解了甲烷的可燃性，那稳定性该如何验证呢？

② 思考交流，设计方案。

【学生活动】结合阅读教材，思考交流，设计出实验方案。

方案一：与高锰酸钾反应。

方案二：与溴水反应。

方案三：与盐酸（滴加石蕊）反应。

方案四：与氢氧化钠（滴加酚酞）反应。

③ 实验验证，观察现象。

【学生活动】小组分工合作，进行实验验证（每个小组负责一个实验方案）。

【教师活动】巡视指导，提醒学生注意安全。

④ 分析总结，得出结论。

【学生活动】小组之间交流讨论，共享信息，分析总结。

实验现象：四种溶液颜色都未明显变化。

得出结论：通常情况下，甲烷与强酸、强碱、强氧化剂不反应。

【教师活动】总结评价，并指出实验中出现的一些小问题。

【学生活动】仔细聆听，反思自己。

知识点二：取代反应

① 引导设疑，提出问题。

【教师活动】通过以上实验，我们对于甲烷的稳定性有了深刻的认识。既然甲烷这么稳定，是不是与任何物质都不能发生反应呢？

【学生活动】不是的，在光照的条件下，CH_4 和 Cl_2 可以发生化学反应。

② 实验演示，进行探究。

【教师活动】很好，看来同学们预习工作完成得不错。接下来老师将演示甲烷与氯气的实验过程，请同学们仔细观察实验现象。

实验演示：课前准备好实验装置（如图 9-9 所示）。试管中装有甲烷和氯气，体积比为 1∶4，以高压汞灯作为光源，水槽中盛有饱和 NaCl 溶液（提前滴加石蕊试液）。本实验设置 A、B 两组实验进行对照。

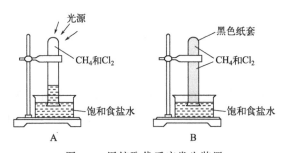

图 9-9 甲烷取代反应发生装置

【学生活动】观察并总结实验现象。

实验现象：A 组：试管中黄绿色气体颜色渐渐变淡，试管内壁附着了一层油状液滴，液面慢慢上升，产生少量白雾，水槽溶液变红。

B 组：无明显变化。

【教师活动】结合实验现象，能得出什么结论？

【学生活动】谈论交流，得出结论：室温时，混合物气体无光照时不发生化学反应；光照时，发生反应，生成难溶于水的油状液体和酸性物质。试管内液面上升，即气体总体积减小。

【教师活动】上述实验现象说明在光照的条件下，CH_4 和 Cl_2 可以发生化学反应。那甲烷与氯气到底发生了怎样的反应，反应产物有哪些呢（可以从元素组成方面考虑）？

【学生活动】通过思考，提出以下猜想：产物可能有 HCl，新生成的含有 C、H、Cl 的有机物等。

【教师活动】如何验证呢？

【学生活动】结合实验现象以及教师提供的知识链接，分析讨论，得出结论：产物有 HCl、CH_3Cl、CH_2Cl_2、$CHCl_3$、CCl_4。

【教师活动】讲解甲烷与氯气发生反应的过程，多媒体展示方程式（如图 9-10 所示）。强调有机反应方程式的书写特点及注意事项。

有机反应相比之前所接触的无机反应，有很大的区别。CH_4 和 Cl_2 的反应是一系列的连续反应，第一步反应结束后，Cl_2 可以接着和其他氢原子反应，请同学们根据 CH_4 和 Cl_2 生成 CH_3Cl 的化学反应方程式，写出接下来的三个反应。

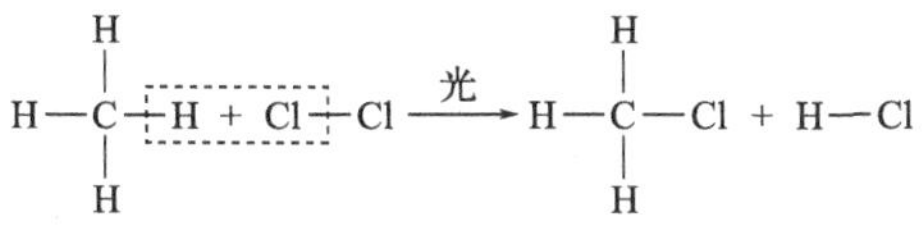

$$H-\overset{\overset{\textstyle H}{|}}{\underset{\underset{\textstyle H}{|}}{C}}-H + Cl-Cl \xrightarrow{\text{光}} H-\overset{\overset{\textstyle H}{|}}{\underset{\underset{\textstyle H}{|}}{C}}-Cl + H-Cl$$

图 9-10　CH_4 与 Cl 生成 CH_3Cl 的化学反应方程式

【学生活动】根据甲烷与氯气生成一氯甲烷的方程式，书写其他三个方程式。

【教师活动】指导点评。

【学生活动】修改自己的方程式，初步理解甲烷与氯气的反应。

【教师活动】根据反应产物，能不能解释实验现象？

【学生活动】试管中黄绿色气体颜色渐渐变淡，说明 Cl_2 参与了反应；试管内壁附着了一层油状液滴，是因为生成了不溶于水的 CH_3Cl、CH_2Cl_2、$CHCl_3$、CCl_4；反应消耗气体，总体积减小，并且生成的 HCl 易溶于水，使得试管内压强减小，所以液面上升；因为生成了 HCl，所以产生白雾，水槽溶液变红。

【教师活动】总结甲烷与氯气反应的注意事项。

反应条件：光照。

甲烷不能与溴水、碘水反应，但是能与纯的 Br_2、I_2 反应。

甲烷与氯气反应是分步、同时进行的，且反应产物是三种氯代物和氯化氢的混合物。

提问：甲烷与氯气的反应属于什么反应类型？

【学生活动】阅读教材，回答问题（取代反应）。

③ 微观分析，理解原理。

【教师活动】总结取代反应的概念及特点，并播放反应过程的微观动画。

【学生活动】观看视频，理解取代反应的反应原理。

④ 动手操作，加深理解。

【教师活动】同学们能不能利用球棍模型，来模拟取代反应过程。

【学生活动】动手模拟操作，加深对取代反应原理的理解。

教学环节三：巩固提高——知识学以致用

【教师活动】通过以上学习，我们知道了取代反应的相关内容。那初中所学四大反应之一的置换反应与今天所学的取代反应有什么异同之处？

【学生活动】取代反应的生成物一般都是化合物或者几种物质的混合物，而置换反应的生成物一定有单质；取代反应一般指有机反应，而置换反应一般指无机反应；取代反应逐步进行，而置换反应多数为一步进行。

教学环节四：课堂小结——升华学生思维

【教师活动】提问：通过本节课的学习，同学们有哪些收获？

【学生活动】从知识技能、情感态度方面交流讨论每个人的收获。

教学环节五：课后作业——检验学习效果

【教师活动】布置课后作业。

完成相应课后习题；查阅资料，了解一氯甲烷、二氯甲烷、三氯甲烷、四氯化碳等反应产物在生产生活中的用途。

9.4 分析及建议

研究性教学模式是一种新型教学模式，作为提高学习动力，促进自主学习的一种手段，它主要以问题为载体，以学生的实际知识背景和所教授的课程内容为基础，以研究的形式组织开展教学。在当前这个信息化的大时代下，解决问题是一项越来越重要的技能，而研究性教学能很好地激活学生的问题意识，强调要将知识和技能应用于解决问题而不是简单地进行知识积累。在上述教学案例中，通过借助一定的情境，以问题为载体而展开研究性学习，在研究性学习的过程中可以达成化学学科教学知识与生活现实情境问题的相互交流与探讨。

在上述教学设计案例中，教学重难点是甲烷的结构和取代反应，所以实施过程中重点放在了甲烷的结构探索和取代反应的研究上，对于甲烷在自然界中主要的存在形式、物理性质、可燃性等内容并没有花费过多的时间去探究。在研究甲烷的空间结构时，对于有机化合物分子的空间结构这种抽象的知识，由于学生思维方式的局限性，学习起来有一定的困难。所以，采用研究性教学模式，可充分调动学生的主体地位，全面贯彻自主学习的思想，进而实现教学目标。具体教学过程中，采用让学生课前自主查阅科学家探究甲烷分子结构的相关历史，初步了解甲烷的结构，这样不仅提高了学生搜集资料和处理信息的能力，而且对于学生后续自主猜想甲烷的空间结构有一定的启示作用。当学生根据自己的想法动手搭建出不同类型的甲烷空间结构模型时，通过适当的启发引导，让学生主动思考，一步步地修改自己的模型，最终得出正确的结构模型。实验是学习一种物质的化学性质最好、最直接的途径。由于 CH_4 和 Cl_2 的反应过程的特殊性，此实验由教师通过演示实验来开展教学，有助于学生观察实验现象，理解反应过程。而对于稳定性的探究实验，则采用学生自主设计实验方案，动手实验，亲身感受实验过程，根据实验现象，得出实验结论，此过程更好地突出了研究性教学中以学生为主体的教学理念。取代反应的反应原理的学习是本节课的难点，通过微观模拟动画以及利用球棍模型动手模拟反应过程，突破难点，加深学生的理解。

从整体来看，上述两个教学设计案例基本达到了教学目标，采用研究性教学模式，完成了基本内容教学。但是此教学设计案例没有真正地走上讲台，进行具体实施，教学过程也不够严谨完整，在创新性和趣味性方面有所欠缺，所以教学过程有待进一步优化改进。

参考文献

[1] 中华人民共和国教育部. 普通高中化学课程标准(2017 年版)[S]. 北京：人民教育出版社，2017：17-19.

[2] 莫绮晨. 基于化学学科核心素养的高中化学教学实践研究[D]. 昆明：云南师范大学，2020.

[3] 刘丽君. 基于"情境—问题—探究"模式的教学设计——以高中化学"甲烷"一课为例[J]. 实验教学与仪器，2019，36(004)：35-37.

[4] 刘甜甜. 基于"立德树人"根本任务的"简单的有机化合物及应用"教学研究[D]. 济南：山东师范大学，2019.

[5] 唐雪萍. 在教学中融入不同类型化学史的思考与实践——以"甲烷"的教学为例[J]. 化学教与学，2022，25(08)：2-5.

[6] 龚泽时，陈耿锋，南俊民. 基于 HPS 的"甲烷"结构化课程教学[J]. 中学化学教学参考，2021，50(24)：24-26.

[7] 华辛，宋雪峰. 化学建筑师——凯库勒[J]. 少儿科技，2018，17(05)：17-18.

[8] 楼文暇，赵雷洪. 新课标视野下高中化学教学设计的探索——以"甲烷"为例[J]. 化学教学，2018，40(10)：60-64.

第10章

研究性教学在化学能与电能教学中的应用

原电池的知识结构比较复杂，知识点比较多，而且与后面所学习的电解池知识点有很多相似之处，在学习过程中容易使学生产生知识点混乱的现象，因此在教学中要对其进行深入的剖析，将知识进行合理的分解，使学生更好地把握知识的内涵，从而提高知识应用水平。在教学中，教师要从现实出发，夯实理论知识的基础，让学生清楚地掌握知识点的含义，强化解题能力。在教学时，教师可以根据新课程的特点，实施有针对性的教学改革与创新，注重启发孩子的好奇心，明确他们的专业水平和特点，注意多向思维、逆向思维、推理思维等，有助于他们真正掌握相关内容，了解概念的内涵，促进学生形成符合当前社会发展需要的正确价值观[1]。

目前，由于教师的教学方法单一、传统，缺乏实践性的教学与创新能力，甚至只采用口头和书面的方法来教授化学课，把知识直接强加给学生[2]，会导致他们对化学学习感到厌倦。当前中学化学中化学能和电能的讲授主要侧重于电池材料、电流方向、电池原理等方面的内容，但是大部分学生仍然会存在一些问题，比如死记硬背、思维僵化，无法将所学的东西运用到实际操作中。对教师而言，转变教学的方式，进行适时的调整是很有必要的。对传统的教学方式，应该发现它们的优点加以采纳，对弊端进行合理分析，将传统的教学模式和探究教学模式有机地结合起来，有效地解决教学中存在的问题。在此模式下，教师可以在新课教学后开设一个示范课堂，通过课前设计、课堂展示、课后完善等方法，加强学生对知识的理解、整合和应用，同时通过教学与研究各个环节的师生互动，在教学中形成良好的师生关系。在化学教学过程中，有效地培养和促进学生的自主性、创造性、实践性，是每个教师的义务与责任。

近年来，研究性教学作为一种新的教育思想和战略，在国内外都得到了广泛的关注，逐渐成为国内外教学模式改革的重要内容。探究式学习是以问题为载体，在教师的引导下，自主发现、探究和解决问题，是一种以学生积极探索为特征的学习活动。这些年来，由于新能源的不断发展，人们在日常生活中用到的各种化学电池也越来越多，关于化学能和电能的知识比较零散复杂，这就要求学生们不但要对原电池的基础知识有更深刻的认识，还要对新的电池材料有一定程度的了解。

通过动手创建简单易懂的模型，让学生在课前完成导学案或者进行简单的模型制作，并且将模型过渡到教材的实验中。通过设置对照实验的方式，让学生根据实验现象进行合理推测，最后进行总结，在此过程中增强学生之间、学生和教师之间的互动，在教学过程中加深学生对知识的理解。通过改进实验装置，进一步拓宽学生对知识的应用。在教学中，要注重学生的主体地位，开发学生的动手能力，鼓励他们大胆创新、不断完善、不断反思，丰富完善教学内容。这不仅给予学生足够的发挥空间，也是对教师寓教于乐能力的挑战。

10.1 教材分析及学情分析

10.1.1 教材分析

"化学能与电能"是高中化学必修二课程中的重要组成部分，相对于元素化合物，"化学能与电能"概念的建构过程更有利于学生的核心素养的培养。从建模这一观点来看，设计原电池模型，不但可以使学生更好地了解和应用氧化还原反应，同时也加强了证据推理、科学探究、认知能力和创造性思维等方面的培养。掌握了这些知识，可以培养学生对原电池及各类新型电池基本原理的认识和运用的基本能力，为以后化学选修四《化学反应原理》的学习打下坚实的基础。

中学化学教材中的"原电池"知识运用了螺旋式的编排理念，体现了"分段呈现""螺旋上升"的教学特色。课标中对原电池的相关知识要求如表 10-1 所示[3]。

表 10-1　电化学教材分析

课程阶段	教学内容要求
必修课程 化学反应与热能 化学反应与电能	6.1 化学反应与能量变化 　知道物质是有能量的，了解吸热反应与放热反应，理解化学反应能量系统中的能量变化与化学键的断裂与生成相关联。了解可以通过化学反应来实现化学能与其他形式能量的转化。以原电池为例认识化学能与电能的转化过程，从氧化还原的角度初步了解原电池工作机理。体会如何提高燃油的燃烧效率，了解开发高能洁净燃料、开发新型电池的必要性
选择性必修课程 模块 1 化学反应与电能	1.1 体系与能量 　了解化学能与其他形式的能源（如热能和电能等）是按照能量守恒定律进行转换的。了解内能是系统（体系）中物质的各种能量之和，并受温度、压强、物质聚集状态等因素的影响
主题 1 化学反应与能量	1.3 化学反应与电能 　认识化学能与电能相互转化的实际意义及其重要应用。了解原电池及常见化学电源的工作原理。了解金属电化学腐蚀的机理，了解金属腐蚀的危害，认识金属腐蚀预防措施
系列 1 实验化学	主题 2 化学原理探究 　从化学的核心概念或基本概念原理出发，提出并选择具有研究性的问题，随后进行相关的实验，如燃料电池、干电池、浓差电池的模拟实验等

10.1.2　学情分析

（1）知识层面

本节课内容在学生学习了氧化还原反应与能量变化之后，学生在氧化还原反应知识的基础上，对原电池内容进行初步的学习，知识之间还不能融会贯通，提出知识中的某一点，学生还不能够想到与之相应的内容，以前的知识还没有完全记住，应用也不熟练。本节课汇集了氧化还原反应、金属性质、电解质溶液等知识，将它们进行相互融合与渗透；涉及电学知识，体现了学科内与学科间的综合；为同学们对各种化学电源的认识打下了坚实的基础，是培养学生创新思维的一个重要教学环节[4]。

（2）能力层面

学生具有一定的动手操作能力及证据推理能力，经过高一学年的学习，也具有一定分析、描述、探讨定性实验现象的能力和运用化学知识解决实际问题的能力，但对知识的迁移和概括能力不足，只是单纯地讨论实验过程，缺少实践和创新能力，需要对分析能力加以培养，学会解决问题，培养科学探究精神。

10.2　研究性教学在锌铜原电池工作原理探究流程教学中的应用

一般来说模型制作的前提是对所运用原理有了一定程度的了解，教师可以通过发放导学案的方式，达到学生课前预习的效果，为学生制作模型提供相应的理论基础。在课堂制作模型之前教师可以创设问题情境，提出需要探究的问题。在制作模型的过程中，可以运用小组合作方式进行设计，通过学生的交流与讨论逐步推进，解决问题，完成简易模型的制作。通过观察电流计指针偏转，判断原电池内部发生反应的情况，引导学生探究锌铜原电池的反应原埋，写出电池正极、负极反应方程式，得出反应总方程式，判断闭合回路的形成原因，与氧化还原反应建立联系。展示与原电池相关的特征现象，引导学生识别电化学行为并与原电池知识相互结合。然后从装置与原理的角度改进实验装置，形成有效的分析思路与方法来阐述与解释问题。

（1）课堂情境创设

① 生活中的原电池。采用学生观看图片、视频等方式，初步认识原电池。

② 电池发明历史。通过历史资料激发学生兴趣。

③ 制作柠檬电池。培养学生动手能力，将趣味实验引入课堂，化学学习生活化。

（2）分析探究原电池的原理

① 设置对比实验，学生分组交流探究。

② 探讨原电池形成的必要条件。

③ 讲解工作原理。

（3）原电池装置的优化改进

① 理论分析改进方案，引入盐桥。

② 实验探究如何改进装置，总结工作原理和条件。

（4）知识总结与指导

10.2.1 表征创设情境

（1）情境创设方式及优点

在化学课堂中，供教师选择的情境创设形式丰富多样。为学生创设学习情境，使学生对知识的认知更加形象具体，提升学生学习化学知识的效率，从而引领学生深度学习，把握知识的内在关联。一个好的课堂引入环节扮演着至关重要的角色，不仅能生动展示后续的化学核心知识，对整个课堂也起到穿针引线的作用，如图 10-1 所示。

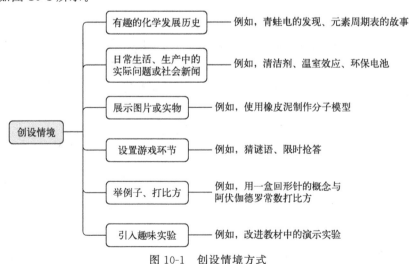

图 10-1　创设情境方式

① 教师借助有趣的化学发展历史,追根溯源,让学生了解化学经历了人们无数次严谨刻苦的尝试的发展历程。

② 教师提取日常生活、生产中的实际问题或社会新闻,能够突出化学学习的必要性等。

③ 展示图片或实物。插图法是新版教材编写的特色之一。教师将资源进行整合,并合理运用,能够促使学生积极探究,形成动态课堂,为学生抽象和具象的思维转化做铺垫,同时也能使课堂充满活力。

④ 设置游戏环节。游戏对于学生来讲有一定的吸引力。教师可以通过设计简单、好玩的小游戏将化学知识融入活动中,达到教学过程的实施,不仅可以激发学生的学习兴趣,更让学生在此过程中发散思路,拓展思维,形成主动、愉快获取知识的技能。

⑤ 举例子、打比方。举一些简单易懂的例子加以说明,能够使描述的概念更加清晰。能够使学生对相似事物作比较,突出特点,使描述更加形象生动。

⑥ 引入趣味实验。营造轻松氛围,提高学习兴趣,使学生愉快学习,也能将知识具体化,在提高实践能力的同时还能保证课堂质量。

情境创设应与学生的个性相适应。新课程标准要求关注学生的情感、态度和行为表现,关注其思维活动的多样性和可塑性等特征,以学生发展的需求为基本落脚点,帮助他们认识正确的价值准则、掌握正确的方向。所以在教学过程中的情境创设,必须根据学生心理、生理实际情况,选择材料要有吸引力、新鲜感、思想性和教育性,同时要重视高中生在心理、智力等方面的发展潜能。教师在备课时应充分考虑其创设的情境是否能有效地改善课堂教学效果,并在何种程度上推动学生的发展[5]。

(2) 情境创设的应用

在教学前给学生布置导学案任务,让学生完成自学部分,并提出学习中碰到的问题。教师可以把学生提出的问题合理运用到教学中,让学生联系实际现象,根据掌握的线索进行推理,深度透彻解析"是什么"。将教材中的演示实验设计成学生实验,结合原电池发展的相关历史,用生活中的现象还原反应过程,让学生了解真实的化学情境。电化学模块内容比较难懂,知识覆盖范围广泛,课程开始时可以运用图片、实验等方式激发学生的学习兴趣,促进学生对知识的理解,使学生在连贯的、相互衔接的环节中体会到真实的情境化课堂和化学的快乐,为模型的构建奠定基础,如图 10-2 所示。

教学设计片段 1

教师在课前分发导学案,学生依靠自己搜集的信息和自学完成填写。

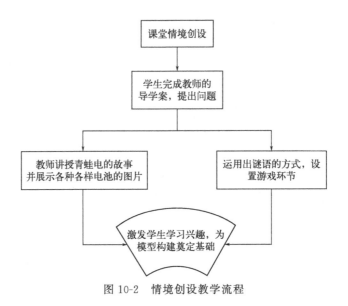

图 10-2　情境创设教学流程

【教师】"头正尾负，身有埋伏，装上眼珠，光就捉住。"大家一起猜猜谜底是什么？

【学生】谜底是电池。

【教师】同学们，我们的生活中其实存在着形形色色的电池。电池有很多优点，比如体积小、重量轻。

【多媒体展示图片】如图 10-3。

图 10-3　多种形式的电池

【教师】那么大家是否知道是哪位科学家开辟了电化学的先河呢？请同学们阅读资料卡片，回答问题。

【学生】阅读教材中的资料卡片，回答问题：是意大利物理学家和生物学家伽伐尼和他的同事福特。

【教师讲解】是的，伽伐尼首先通过青蛙实验发现了动物电，然后他的朋友福特经过多种金属的反复实验，发现了起电顺序，并且发明了伏打电堆（如图10-4），为电化学开创了道路。

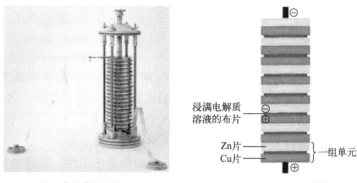

浸满电解质
溶液的布片

Zn片
Cu片　　｝一组单元

伏打电堆的实物模型　　　　　　　伏打电堆构造示意图

图 10-4　伏打电堆

【教师】如图 10-5，我们日常生活中使用的电能主要来源于火力发电。火力发电是通过化石燃料燃烧时发生的氧化还原反应，使化学能转化为热能，加热水使之汽化为蒸汽以推动蒸汽轮机，带动发电机发电，如图 10-6。火力发电过程中，化学能经过一系列能量转化过程，间接转化为电能，其中氧化还原反应是关键。

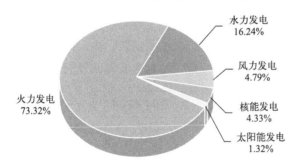

图 10-5　2018 年中国电力供给结构分析

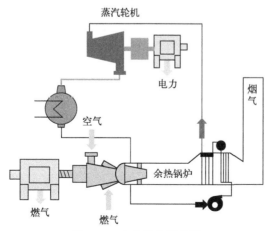

图 10-6　火力发电示意图

10.2.2 初步构建模型

高中阶段正是中学生思维较为活跃的时期，他们对事物有着极大的研究兴趣，但是有些学校并没有为学生配备专门的实验室，无法提高学生的实验能力，这就导致了学生虽然完成了高中化学知识的学习，却还是不能体会化学的魅力，无法很好衔接大学实验课堂。因此，立足于学生的长远发展来考虑，我们既要注重对学生知识的传授，又要对他们的实际动手操作进行训练，帮助学生在各方面都得到锻炼和学习，提升化学教学的质量。让学生依据对知识的理解制作简易模型，能够培养学生的搜集、整理信息能力，结合日常生活找到并设计模型，可以了解自己对知识的掌握程度，实现化学能与电能部分知识的具体运用。让知识不再是学生头脑中死记硬背的文字，通过实践的方法运用掌握的知识。在培养学生动手能力的过程中，教师引导学生自主协作、评价，开发他们自主学习的能力，这需要学生之间互相磨合、配合，从而培养学生独立思考与合作学习的能力。

在完成对应的导学案时，学生已经有了一定的基础，已经掌握了关于电池反应的基本知识，此时就可以为学生布置能够自己动手的制作环节，鼓励同学们设计水果电池，选择合适的材料进行电池的组装，构成简单的水果电池，如图 10-7 所示，沿着水果电池的思路进行锌铜原电池装置的替换。

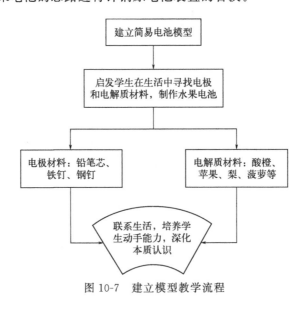

图 10-7　建立模型教学流程

教学设计片段 2

【教师】通过导学案的完成我们对原电池有了一定的了解，那就让我们一起来制作简单的水果电池吧。谁能告诉老师你找到了哪些材料？

【学生】铅笔芯、铜钉、铁钉、硬币等可以作为电极材料，而酸橙、柠檬、苹果等可以作为电解质材料，如图 10-8 所示。

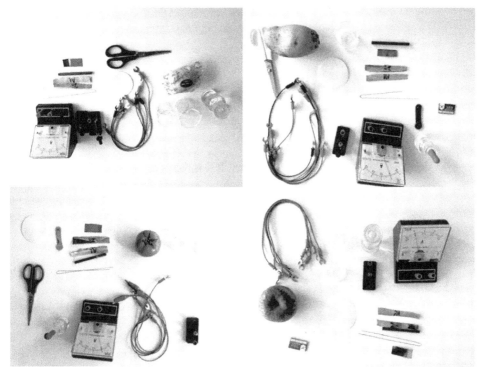

图 10-8　水果电池模型材料示意图

【教师】现在就请大家动手制作吧！

【学生】根据自己选择的材料进行制作。

【教师】除此之外我们还需要什么装置来验证电池是否制作成功？

【学生】小灯泡、灵敏电流计或发光二极管，如图 10-9 所示。

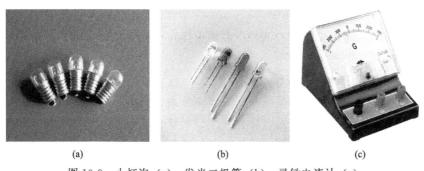

(a)　　　　　　　　　(b)　　　　　　　　　(c)

图 10-9　小灯泡（a）、发光二极管（b）、灵敏电流计（c）

【教师】同学们是否制作成功了？

【学生】向同学们展示水果电池装置模型图，如图10-10所示。

图 10-10　水果电池装置模型

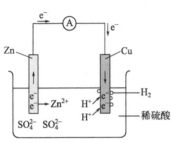

图 10-11　锌铜原电池原理示意图

【教师】同学们能否根据水果电池的装置，将教材中实验进行还原呢？

【学生】动手试试就知道了！

第一步：将锌片和铜片插入盛有稀硫酸的烧杯中，观察现象。

第二步：用导线连接锌片和铜片，观察连接导线后的现象。

第三步：如图10-11，用导线在锌片和铜片之间串联一个电流表，观察电流表指针是否偏转。

【学生】观察实验现象：当锌片和铜片插入稀硫酸时，锌片表面有气泡产生，铜片表面无气泡产生；如图10-11所示，当用导线连接时，铜片表面有气泡；串联电流表后，电流表指针发生偏转。

【教师】当连接导线后，由于锌比铜活泼，与稀硫酸作用容易失去电子，被氧化成锌离子而进入溶液。

锌片：$Zn-2e^- = Zn^{2+}$

电子由锌片通过导线流向铜片，溶液中氢离子从铜片获得电子，被还原后生成氢分子从铜片上放出。

铜片：$2H^+ + 2e^- = H_2\uparrow$

通过特定的装置使氧化反应与还原反应分别在两个不同的区域进行，可以使氧化还原反应中转移的电子通过导体发生定向移动，形成电流，从而实现化学能向电能的转化。这种把化学能转化为电能的装置叫作原电池。在原电池中，电子流出的一极是负极（如锌片，电极被氧化），电子流入的一极是正极（如铜片，氢离子在正极上被还原）。反应原理如图10-12所示。

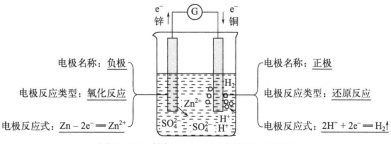

电极名称：负极

电极反应类型：氧化反应

电极反应式：$Zn - 2e^- = Zn^{2+}$

电极名称：正极

电极反应类型：还原反应

电极反应式：$2H^+ + 2e^- = H_2\uparrow$

图 10-12　锌铜原电池反应原理示意图

10.2.3　活动探究与改进

当前我国学校班额较大，让学生展示自己的机会很少。课程改革要求教师和学生在整个教学过程中都要做出改变。对于教师来说，采取一种良好的教学方式可以引导学生更好地参与教学过程。小组交流的形式能够在一定程度上促进学生参与教学过程，培养学生在学习过程中的探究及创新精神，同时拓宽知识视野，形成合作意识，有利于发挥学生的主体性[6]。

改进教学方式和教学活动能够使学生的知识得到进一步完善，加深对知识的理解，形成更多的想法，寻找更好的解决办法，提高教与学的效果，完善和弥补学生经过自主探究和协作交流两个阶段以后对当前所学知识的认识与理解方面仍然存在的不足[7]。

教学设计片段 3

（1）分组探究，形成对比

【教师】在通常情况下，原电池的正极和负极的活泼性不同，除此之外还需要哪些组成条件？请同学们自行组成学习小组，进行探究吧！

【活动任务】

小组 1：将锌片、铜片分开，放在不同的烧杯中，但溶液都是稀硫酸，连接小灯泡导线。如图 10-13 所示。

小组 2：将碳棒、铜片一起插入同一个烧杯中的稀硫酸中，连接小灯泡、导线。

小组 3：将锌片、铜片一起插入同一个烧杯中的乙醇溶液中，连接小灯泡、导线。

小组 4：将锌片、铜片一起插入同一个烧杯中的稀硫酸中，连接小灯泡、导线。如图 10-14 所示。

 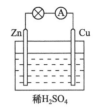

图 10-13　小组 1 装置示意图　　　　图 10-14　小组 4 装置示意图

观察实验现象，完成表 10-2。

表 10-2　实验现象记录

电池组成	现象（小灯泡）	原因
Zn、Cu、两个盛有稀硫酸的烧杯	不亮	没有形成闭合回路
Cu、碳棒、同一烧杯中的稀硫酸	不亮	没有自发的氧化还原反应
Zn、Cu、同一烧杯中的乙醇溶液	不亮	电解质溶液
Zn、Cu、同一烧杯中的稀硫酸	亮	？

【教师】有哪个小组完成了实验？经过同学们的交流讨论是否已经在内心有了答案？那么接下来让我们一起探讨形成现象的原因吧！

【教师提问】对比小组 1、4，你认为灯泡没有变亮的原因是什么？

【学生】小组 1 和小组 4 最大的不同就是小组 1 两个烧杯将稀硫酸溶液分成了两部分。

【教师讲解】说的对，小组 1 的实验中电极在两部分溶液中，也就是没有形成闭合回路。

【教师提问】对比小组 2、4，你认为小组 2 灯泡没有变亮的原因是什么？

【学生】因为将锌片换成了碳棒，没有发生反应。

【教师讲解】回答正确，小组 2 的装置中所选择的电极材料都不能与接触的溶液发生反应，灯泡不亮证明没有电流产生，该装置的问题是没有构成自发的氧化还原反应。

【教师提问】对比小组 3、4，你认为小组 3 灯泡没有变亮是什么原因导致的？

【学生】两个实验中的溶液不同，可能是溶液种类导致的。稀硫酸是电解质溶液而乙醇是非电解质溶液。

【教师讲解】太棒了！小组 3 灯泡不亮的根本原因就是与小组 4 中的溶液不同：原电池的组成需要电解质溶液，所以小灯泡也没有变亮。

【教师总结】因此我们可以知道，构成原电池的必要条件有：①活泼性不同的电极；②闭合回路；③自发的氧化还原反应；④电解质溶液。

（2）装置改进

【教师提问】我们能不能利用一种方式让小组 1 中的灯泡亮起来？

【学生】使第一个装置中的电解质溶液相接触。

【教师】回答正确，同时我们将溶液分别替换为硫酸锌和硫酸铜溶液。老师给大家介绍一种新的装置——盐桥，如图 10-15 所示，盐桥中的材料是 KCl，当盐桥接触两个烧杯中的溶液时，里面的物质就以 K^+、Cl^- 的形式进入两个溶液中，通过离子的定向移动形成闭合回路，因此小灯泡就会变亮。

【学生】实验验证。

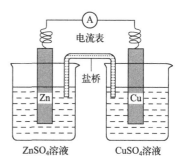

图 10-15　盐桥示意图

10.3　研究性教学在教学案例——原电池教学中的应用

通过创设真实情景，让同学了解到电池的工作原理与组成部分，从而形成原电池的基本概念，并初步了解电池的正、负极的判定方法，以提升学生的专业素养。可以展开多种探究活动，通过实验为主的方式，让同学们既可以亲身体验科学研究的历程，又可以了解到化学能转化为电能的相关知识，激发学习兴趣，强化科学探究的意识。学生通过亲身经历和实践，了解到化学与人的生产生活息息相关，并引导他们注意能源问题，逐渐树立起正确的能源观念，从而培养他们的社会责任感和参与意识。教学目标及重难点见表 10-3，教学设计见表 10-4。

表 10-3　原电池教学目标及重难点

课题名称	化学能与电能——原电池
教学目标	【知识与技能】认识能量转化基本形式，了解电池工作原理和结构，掌握原电池的电极和电池反应方程式的书写 【过程与方法】通过实验探讨、问题分析和实验探究，培养学生实验能力、动手能力以及分析解决问题的能力 【情感态度及价值观】通过实验培养学生科学的学习态度、合作探究精神和正确的人生价值观；培养积极探索和精益求精的科学态度，树立学以致用的科学理念，激发学习化学的兴趣和主动性
教学重难点	【教学重点】原电池的工作原理及电极与电池反应方程式的书写 【教学难点】原电池的工作原理 【措施】 ① 重点的解决：以实验为载体，创设问题情境，统筹实验探究与思考交流，通过水果电池启发模型制作，突出学生的主体地位 ② 难点的解决：借助探究性实验和制作的模型结合原有知识内容对原理进行分析，借助动画模拟微观过程，借助理论分析突破疑难

表 10-4　原电池教学设计

教学环节	教师活动	学生活动	设计意图
课堂情境创设	【教师】"头正尾负,身有埋伏,装上眼珠,光就捉住。"大家一起猜猜谜底是什么	【学生回答】谜底是电池	了解电池的发展背景,体验化学技术应用与生活之美
	【教师】同学们,我们的生活中其实存在着形形色色的电池。电池有很多优点,比如体积小、重量轻等 【多媒体展示图片】	【学生】观看,思考回答	培养学生认真学习、服务人类社会的人生价值观,引导学生培养积极认真的学习态度
	【教师提问】那么大家是否知道是哪位科学家开辟了电化学的先河呢?请同学们阅读资料卡片,回答问题	【学生】阅读教材中的资料卡片,回答问题:是意大利生物学家和物理学家伽伐尼和他的同事福特	了解科学技术发展的历程,认识化学是一项以实验为基础的自然科学,体会科学家们锲而不舍、勇于探索和追求真理的精神,建构实践出真知的学科思想
	【教师讲解】是的,意大利生理学家伽伐尼首先通过青蛙实验发现了动物电,然后他的朋友福特经过多种金属的反复实验,发现了起电顺序,并且发明了伏打电堆,为电化学开创了道路 【教师】电池的材料选择也是很有讲究的,相信通过导学案的完成大家已经对电极材料有了简单的了解。接下来我们就一起学习原电池		用趣味实验引入课程,体会化学来源于生活、取材于生活,展示化学实验的魅力,激发学生的学习兴趣和求知欲望
原电池工作原理与形成条件	【教师】通过导学案的完成我们对原电池有了一定的了解,那就让我们一起来制作简单的水果电池吧。谁能告诉老师你找到了哪些材料	【学生】铅笔芯、铜钉、铁钉、硬币等可以作为电极材料,而酸橙、柠檬、苹果等可以作为电解质材料	在学生积极思考的基础上,让学生动手去操作,以验证积极思考的结果,既培养了学生的动手能力,又优化了学生的思维
	【教师】现在就请大家动手制作吧	【学生】制作柠檬电池 ① 在柠檬上插入一个铜片和一个锌片 ② 用电流计连接锌片和铜片,将导线连接灵敏电流计	
	【教师】除此之外我们还需要什么装置来验证电池制作成功	【学生】小灯泡或灵敏电流计	
	【教师】同学们是否制作成功了	【学生】成功了,因为小灯泡亮了	

教学环节	教师活动	学生活动	设计意图
原电池工作原理与形成条件	【教师】同学们能否根据水果电池的装置，将教材中实验进行还原呢	动手试试就知道了 第一步：将锌片和铜片插入盛有稀硫酸的烧杯中，观察现象 第二步：用导线连接锌片和铜片，观察连接导线后的现象 第三步：用导线在锌片和铜片之间串联一个电流表，观察电流表指针是否偏转	还原教材中的实验，由水果电池向锌铜原电池实验过渡，回归教材，寓教于乐
	【教师提问】你观察到了哪些现象	观察实验现象：当锌片和铜片插入稀硫酸时，锌片表面有气泡产生，铜片表面无气泡产生；当用导线连接时，铜片表面有气泡；串联电流表后，电流表指针发生偏转	构建以问题引领知识、由现象到本质、由一般到特殊、由简单到复杂的分类思想，进而不断增强学生的问题意识，在问题探究中渗透化学学科思想，使学生对物质的化学变化产生浓厚兴趣，提高学生分析问题、解决问题的能力
	【教师提问】正、负极材料分别是什么？分别发生什么反应？得失电子情况如何	【学生】正极是铜，负极是锌；正极发生还原反应，负极发生氧化反应；正极氢离子得电子，负极金属锌失电子，整个反应转移的电荷守恒	
	【教师】讲解反应原理，进行板书 锌片：$Zn-2e^-\!\!=\!\!=\!\!Zn^{2+}$ 铜片：$2H^++2e^-\!\!=\!\!=\!\!H_2\uparrow$	【学生】思考内部微观粒子的移动情况	从微观粒子的角度学习原电池的反应式
	【教师讲解】原电池一般是由两个活泼性不同的电极作为正、负极，除此之外还需要哪些组成条件？请同学们自己组成学习小组，进行探究吧	【学生】分成实验小组，完成装置，观察现象，完成表格	
	【活动任务】 小组1：将锌片、铜片分别插入两个盛有稀盐酸的烧杯中，连接小灯泡、导线		

教学环节	教师活动	学生活动	设计意图
	小组 2：将碳棒、铜片一起插入同一个烧杯中的稀硫酸中，连接小灯泡、导线 小组 3：将锌片、铜片一起插入同一个烧杯中的乙醇溶液中，连接小灯泡、导线 小组 4：将锌片、铜片一起插入同一个烧杯中的稀硫酸中，连接小灯泡、导线 观察实验现象		通过对照实验的方式，让学生通过探究的形式逐步分析问题原因，得出最后结论，有利于学生实验素养的培养和提高
	【教师】哪个小组完成了实验？经过同学们的交流讨论是否已经在内心有了答案？那么接下来让我们一起探讨形成现象的原因吧		通过合作交流，培养学生协作精神，促进学生之间、学生与教师之间的交流
原电池工作原理与形成条件	【教师提问】对比小组 1、4，你认为灯泡没有变亮的原因是什么	【学生】小组 1 和小组 4 最大的不同就是小组 1 两个烧杯将稀硫酸溶液分成了两部分	对比和衬托出实验的变化和结果，增强了说服力；通过比较、对照，更能充分说明实验变量的影响；培养学生对比实验的思维
	【教师讲解】说的对，小组 1 的实验中电极在两部分溶液中，也就是没有形成闭合回路		
	【教师提问】对比小组 2、4，你认为小组 2 灯泡没有变亮的原因是什么	【学生】因为将锌片换成了碳棒，没有发生反应	
	【教师讲解】回答正确，小组 2 的装置中所选择电极材料都不能与接触的溶液发生反应，因此，没有构成自发的氧化还原反应，导致灯泡不亮		
	【教师提问】对比小组 3、4，你认为小组 3 灯不亮是什么原因导致的	【学生】两个是实验中的溶液不同，可能是溶液种类导致。稀硫酸是电解质溶液而乙醇是非电解质溶液	
	【教师讲解】太棒了！小组 3 灯不亮的根本原因就是两个装置中的溶液不同，原电池的组成需要电解质溶液，所以小灯泡也没有变亮 【教师总结】因此我们可以知道，构成原电池的必要条件有：①活泼性不同的电极；②闭合回路；③自发的氧化还原反应；④电解质溶液		在对比实验中摸索原电池的必要组成部分

教学环节	教师活动	学生活动	设计意图
	【教师提问】内电路的离子移动情况是怎样的	【学生】内电路中正极氢离子得到电子，因此此阳离子移向正极，而负极失去电子，使负极带正电，吸引阴离子移向负极	
	【教师】外电路如何形成闭合回路	【学生】外电路依靠电荷从负极到正极的定向移动	明确电路中电流的形成情况，形成思维模型
原电池的优化与改进	【教师提问】我们能不能利用一种方式将小组1中的灯泡亮起来	【学生】要把第一个装置中的稀硫酸溶液放在一起或通过其他方式"连接"起来	树立学生的改进实验思维
	【教师】回答正确，老师给大家介绍一种新的装置——盐桥，盐桥中的材料是 KCl，当盐桥接触两个烧杯中的溶液时，里面的物质就以 K^+、Cl^- 的形式进入电解质溶液中，通过离子的定向移动形成闭合回路，因此小灯泡就会变亮	【学生】实验验证	让学生更深刻地认识原电池的构造特点和工作原理，达到巩固和提升的目的，丰富教学内容，提高思维结构化水平，实现知识内化
总结与反思	【教师】通过本节课学习，我们利用氧化反应原理和实验探究，探讨了原电池中工作原理和构成条件，实现了原电池中化学能到电能的转变。由此，分析探讨了原电池的优化和改进措施，今天介绍的只是电池的基本原理及构成，还有很多知识需要我们去研究学习。希望在今后，大家能够继续保持对化学的学习兴趣，刻苦努力，勇于探索，大胆实践，培养良好的科学素养，在不久的将来，为我国的科技创新贡献自己的力量		让学生回顾当堂内容的知识点，及时做好记录和整理，鼓励学生不断进取，刻苦学习，激发学习动力，培养建设社会和改进人类生活质量的技能，增强社会责任感和服务社会的意识
	【投影】课后作业 【讲解】结合今天所学知识，课后实践：假期或周末时间在家选择合适的材料，设计原电池，看能否让废旧的贺卡或小灯泡亮起来。回家后完成课堂总结，回来交给老师		对课堂内容进行延伸，让学生保持对化学学习的兴趣，激发学生求知欲望，鼓励学生贴近生活，达到分层教学的目的

10.4 分析及建议

在原电池的学习中，应用情境创设、模型建立和小组探究的方式，能够将本来晦涩难懂的抽象知识，结合实验推理，通过学生的分析交流最终形成新的知识框架，形成电化学的知识体系，使学生初步了解电池的组成和原理，同时锻炼了动手能力。

在实际的教学中，还可以从多种感官、多范围进行情境创设，营造更有趣味的学习环境。同时在模型建设过程中，学生的困难往往是动手能力不足，在由水果电池向具体的锌铜原电池转化过程中，思维转变不够灵活，因此要求教师在教学过程中，讲解知识点要透彻，把握教学节奏，关注每一位同学，帮助学生解决遇到的困难。在对比实验的探究过程中，更要注意让学生认识控制变量和形成对照组的思维方式，从而达到更好地教学效果。

本章针对高中原电池部分的知识进行教学实践研究，还没有形成完整的研究性教学体系，有待完善，对于研究性教学的诠释和应用不够精准，所以还存在一定的不足之处，个别环节和内容需要真正地、反复地去做，需要时间的打磨和更多的分析和探讨。

随着我国课程的不断改革，研究性教学逐渐进入大家的眼帘，受到越来越多的关注，在以后会以多样化的形式引入课堂。研究性教学的知识体系逐渐发展壮大，在化学教学领域的应用也拥有值得期待的前景。

参考文献

[1] 胡劼. 高中化学原电池和电解池教学实施策略研究[J]. 新课程，2021(23)：64.

[2] 陈香姑. 认知主义学习理论在教学设计中的应用[J]. 亚太教育，2015(12)：274.

[3] 于淑儿. "苏教版"高一年级《钢铁的腐蚀》教学案例[J]. 中学化学教学参考，2007(10)：22-24.

[4] 杨丽娜. 新课标下化学教学情境创设的实践研究[D]. 汉中：陕西理工大学，2021.

[5] Zhang W, Rick H. Characterization and Recovery of Rare Earth Elements and Other Critical Metals (Co, Cr, Li, Mn, Sr, and V) from The Calcination Products of A Coal Refuse Sample[J]. Fuel, 2020, 267.

[6] 李英楠. 浅谈小组交流法在地理教学中的应用[J]. 成都教育学院学报，2006(07)：71-72.

[7] 周永红. 勤写课后总结 促进数学学习[J]. 科技视界，2012 (26)：184-185.

第11章

研究性教学在化学反应速率教学中的应用

研究性教学是在学科中进行研究的一种教学形式，是指教师和学生以课堂为媒介共同合作探究，最重要的是学生自主思考与合作创新。研究性教学本质是教师为学生提供机会，在教师的帮助下，学生主动构建知识系统，形成科学探究与合作创新的意识。在教学过程中，教师以真实的生活化情境为引导，极大地提高学生学习的兴趣，帮助学生形成主动学习的思维模式，可以有效地提高学生的自主学习能力[1]。教师通过引导学生自主创新学习，解决现实的问题，深入地探究并进行小组合作交流，从而较好地培养学生自主学习的能力、解决实际问题的能力、合作交流的能力与科学创新的能力。

本章根据研究性教学的模式、特点等，以高中化学选修四教材中"化学反应速率"教学内容为载体，论述研究性教学在化学反应速率教学内容中的应用。选取"化学反应速率的表示与简单计算"和"浓度对化学反应速率的影响"两部分内容，应用研究性教学进行教学设计，实施教学。通过创设情境、趣味比赛、实验探究等教学策略，引导学生积极主动地进行研究性教学。化学是一门以实验为基础的学科，其知识内容相对抽象复杂，对于高中生来说，部分内容难以掌握。因此在教学中引入研究性教学，既能培养学生的研究学习能力，使学生全面透彻理解教学内容，又能培养学生的科学探究与合作创新意识。学生具有创造性地适应社会变化的能力，为学生的全面发展提供机会，使学生的主体性、自主性、创造性得到体现。通过研究性教学使学生认识到化学是一门有趣的学科，可提高学生学习的主动性，培养学生的自学能力与创新精神，使学生成长为全面发展的创新型人才。

研究性教学是在教师的指导下，学生自主地探索知识、解决问题的过程。以问题为驱动，通过学生之间的合作讨论，主动地探求知识，进行科学探究，从而培养学生的创新精神与实践能力。新课改要求教师的教学观念要与时俱进，在教学过程中要重视学生的合作探究能力[2]。教师在讲解定义类知识时，可以通过创设生活化情境，以设问方式引发学生思考。以课前布置资料查阅、课上提问引导的方式，引导学生自主研究化学知识，培养学生的思维能力。学生对生活中的化学现象产生疑问，自主发现问题。教师通过创设真实情境或趣味实验等方式，引导学生自主设计探究实验进行研究，从而在该过程中学会分析问题，解决问题。因此，在讲解"浓度对化学反应速率的影响""温度对化学反应速率的影响""催化剂对化学反应速率的影响"的教学内容时，可以应用研究性教学进行授课，增强学生的科学探究意识，培养学生动手操作的能力与解决生活实际问题的能力，培养学生的创新精神。

11.1 教材分析及学情分析

11.1.1 教材分析

《普通高中化学课程标准（2017 年版 2020 年修订）》[3] 中对"化学反应速率"课程内容提出如下要求："明确化学反应速率的表示方法，了解测定化学反应速率的简单方法。通过实验探究，了解温度、浓度、压强和催化剂对化学反应速率的影响。知道化学反应是有历程的，认识基元反应活化能对化学反应速率的影响。"

化学反应速率的课程安排在高中化学选修四《化学反应原理》第 2 章第 1、2 节。这一部分知识包括：化学反应速率的表示方法、化学反应速率的实验测定、影响化学反应速率的因素及其实质的探究。在学习了必修二"化学反应速率与限度"的基础上，同学们对化学反应速率有一个定性的了解，知道外界环境对化学反应速率的影响。这一节的内容在化学教学中起到了承前启后的作用，它既是对必修部分化学反应速率内容的延续与深化，也为后续学习化学平衡知识打下坚实的基础。

《化学反应原理》中的教学内容安排由浅入深，从化学反应速率、化学平衡到化学平衡常数、化学反应进行的方向，每一部分教学内容的设置都充分考虑到学生学习能力的水平与认知发展规律。引导学生进行科学探究实验，观察实验现象，总结归纳实验结果，逐步认识外界因素对化学反应速率的影响，并利用有效碰撞理论模型与活化能理论从微观上做出解释，探讨化学反应速率变化的实质。不仅实现了从理论到实践的升华，也实现了通过现象看本质的飞跃。以此为基础，用理论指导实践，使感性认识向理性认知升华。此外，这部分所涉及的知识在社会生产、生活、科学等领域的应用都是十分普遍的，与我们的生活密切相关，具有非常强的实用价值，让学生进一步体会化学学习的重要性。

从教材结构来看，该章节教学内容是对必修二知识的深化与拓展，目的是让学生从定性认识速率升华到了解速率变化的本质，培养学生对科学理论的认识。选修四教材对该内容的设置是在化学反应方向和化学反应限度之后，是对化学反应的进一步认识，前面内容的学习为第四章化学反应条件的优化打牢基础，是从理论到实践相结合的过程。分析近几年高考导向，以化学反应速率为基础考查综合性知识，考查学生综合实验探究的能力和分析数据获取信息的能力，应当受到重视。

11.1.2 学情分析

高二的学生在高中一年的化学课程学习之后，已经有了较强的逻辑思维能力以及分析问题、解决问题的能力。在必修二中，学生已经知道影响化学反应的因素，但是只知道定性关系而不明确定量关系。因此，在教学过程中，教师应充分调动学生对未知世界的探索欲，使其具有独立探究的科研意识与能力。重点是强化学生的科学素质，培养学生的科学探索和知识运用的能力，增强他们的定量分析和归纳总结的能力[4]。

（1）知识脉络

"化学反应速率"的大致知识点如图 11-1 所示。这一部分的教学内容以探究化学反应速率因素的实验为重点内容，用有效碰撞理论解释化学反应速率变化的实质则是教学过程中的难点。

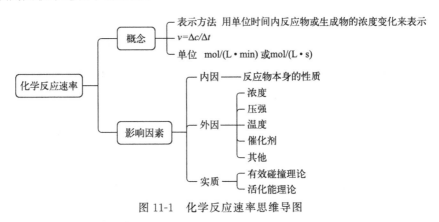

图 11-1　化学反应速率思维导图

（2）研究性教学与化学反应速率教学内容的结合

本章第一个教学设计中，课前为学生布置预习任务，内容以社会时事——2022 年北京冬奥会作为材料，调动学生的积极性。问题为北京冬奥会的开幕式与闭幕式都在鸟巢举办，为什么鸟巢能够多年来依旧绚丽夺目，50 年后鸟巢能够一直保持绚丽的外观吗？学生通过查阅资料，自学研究，对"化学反应速率"有一个初步的感知。在教学过程中，教师以此作为情境创设的素材进行引课，与学生的课前预习内容相呼应，提高学生对本节课学习的兴趣。以社会时事为情境素材引入化学课堂教学，也能够引导学生多关注国家大事，提高学生的社会责任感。

在第二个教学设计中，教师根据日常生活中的现象，将其设计成化学小故事，以此引出浓度对化学反应速率的影响。教师为学生创设生活化的学习氛围，引导学生进入化学课堂，提高学生对该部分知识学习的积极性，充分调动学生的主观能动性。

有的学生学习兴趣较低，对化学课程的理论学习更是觉得困难，如果用传统教学方法教学，学生会觉得枯燥无味，甚至会放弃化学课程的学习。趣味教学可以打破传统教学过于简单化、枯燥乏味的课堂环境，提高学生的学习兴趣，增强学生的主观能动性，吸引学生的课堂注意力，并且有效地提升教学效率[5]。老师在课堂中进行趣味比赛，既能激发学生化学学习的兴趣，又能促进学生对化学的热爱，从而使学生的学习效率大大提升。通过趣味比赛，可以使学生对化学知识的掌握更加深入，理解更为透彻。

在本章中，"浓度对化学反应速率的影响"教学设计就采用了趣味比赛的方法，吸引学生探究的欲望。通过"玫瑰变色"比赛设疑，使学生对于浓度的影响产生疑问，进而引导学生主动设计实验探究其变化规律，增强学生学习研究的主动性。

本章中第二个教学设计是教师通过生活化情境引入、趣味比赛设疑等方法，引导学生自主进行实验设计探究浓度对化学反应速率的影响，并进一步设计出对比实验排除无关变量的影响。通过实验过程的具体操作与实验现象的总结，培养学生实践能力、归纳总结能力与表达能力。

11.2 研究性教学在化学反应速率的表示与简单计算教学中的应用

（1）教学流程

化学反应速率的表示与简单计算具体教学流程见图 11-2。

（2）教学目标

① 知识与技能：理解化学反应速率的概念及表示方法并能进行简单计算。

② 过程与方法：通过类比学习与练习，学会举一反三。

③ 情感态度与价值观：通过对实际生活中反应速率快慢的探讨，使学生对化学生活有切身实际的感受，提高学生对化学的兴趣。

（3）教学重难点

① 重点：化学反应速率的概念。

图 11-2　教学流程图一

② 难点：化学反应速率的计算。

（4）教学设计片段

【课前预习】布置课前预习任务：

① 北京冬奥会的开幕式与闭幕式都在鸟巢举办，它的外观绚丽夺目，50 年后鸟巢的外观能够一直保持绚丽的外观吗？

② 请同学们自行查阅文献或者相关资料，了解"三段式"法解决化学反应速率的计算过程。

教学环节一：情境导入

【教师活动】请同学们观看冬奥开幕式鸟巢场馆的图片。

老师在课前为大家留了预习任务，有哪位同学能来解释一下鸟巢的外观是否能一直保持绚丽夺目？看看大家完成的情况如何。

【学生活动】鸟巢不会一直没有变化，它的主体结构会经过时间的流逝被慢慢腐蚀。

【教师活动】看来大家都有好好预习。由于鸟巢的外表面喷了漆，会暂时保护它，但经过时间的推移，也会被腐蚀，只是速率很慢。同学们知道有哪些反应的速度快吗。

【学生活动】学生甲：火药爆炸。

学生乙：燃放烟花。

【教师活动】日常生活中的各种现象都是有快有慢，化学反应的速率也是各不相同的。我们用什么来表示化学反应的快与慢呢？

【学生活动】用化学反应速率来表示化学反应的快慢。

【教师活动】没错，那这节课我们就一起了解一下化学反应速率。

【学生活动】当飞机残骸坠落到土地上，对环境造成污染，大地需要几十年甚至上百年才能将飞机残骸全部分解，其反应速率很慢。

【教师活动】飞机坠毁瞬间，会发生爆炸，化学反应速率很快；而飞机残片的降解的反应速率是很慢的，与我们日常生活中白色垃圾的降解一样，需要百年时间。

教学环节二：利用学科联系推导表示方法

【教师活动】通过上述学习，我们知道了化学反应有快有慢，用"化学反应速率"来衡量化学反应进行的快慢。同学们想一下化学反应速率与物理中哪个物理量相似。

【学生活动】速度。

【教师活动】没错，我们能否像物理学中速度那样，用一些物理量来表示化学反应速率？

【学生回答】物理中的速度用单位时间内所走的距离来表示，因此可以类比，用单位时间某一物理量的变化值来表示化学反应速率。

【教师活动】由于我们常见的化学反应体系是气体和液体，所以，我们用单位时间内反应物浓度的减少和生成物浓度的增加来表示化学反应速率，用符号 v 来表示。

请同学们自己书写一下化学反应速率的表达式。

【学生活动】$v = \Delta c / \Delta t$

【教师活动】对于任意一个反应 A＋B ═══C＋D，我们都可以用符号来表示其化学反应速率。请同学们思考，你能用几种方式表示出化学反应速率。

【学生活动】学生甲：$v = \Delta c(A) / \Delta t$

学生乙：$v = \Delta c(B) / \Delta t$

学生丙：$v = \Delta c(C) / \Delta t$

学生丁：$v = \Delta c(D) / \Delta t$

教学环节三：三段式解决化学反应速率计算问题

【教师活动】请同学们看这样一道例题：

在密闭容器中，合成氨的反应 $N_2 + 3H_2 \rightleftharpoons 2NH_3$，开始时 N_2 的浓度为 $8mol/L$，H_2 的浓度为 $20mol/L$，$5min$ 后 N_2 的浓度为 $6mol/L$，请问该反应的化学反应速率为多少？

请同学们根据老师课前所布置的任务，用你们查阅到的信息解决这道问题，找一位同学进行板演。

【学生活动】学生板演

	N_2	$+$	$3H_2$	$\rightleftharpoons$	$2NH_3$
反应初始时的浓度/(mol/L)	8		20		
反应 5min 时的浓度/(mol/L)	6				
反应消耗（生成）的浓度/(mol/L)	2		6		4

化学反应速率 $v(N_2) = \Delta c(N_2)/\Delta t = 6(mol/L)/5min = 1.2mol/(L \cdot min)$

【教师活动】请大家仔细观察，看看你的答案和他的一样吗？

【学生活动】老师，他的答案不正确，应该用 2 除以 5，因为化学反应速率是用单位时间反应物浓度的变化量来表示，而他用的是 N_2 反应后的浓度来表示。应该是这样计算：

$$v(N_2) = \Delta c(N_2)/\Delta t = 2(mol/L)/5min = 0.4mol/(L \cdot min)$$

【教师活动】看来这位同学观察得很仔细，回答得很准确，这也是今后同学们做题过程中的易错点，大家要多多注意。还可以用其他方法来计算这个反应的化学反应速率吗？

【学生活动】

学生甲：$v(H_2) = \Delta c(H_2)/\Delta t = 6(mol/L)/5min = 1.2mol/(L \cdot min)$

学生乙：$v(NH_3) = \Delta c(NH_3)/\Delta t = 4(mol/L)/5min = 0.8mol/(L \cdot min)$

【教师活动】看来大家对这部分内容掌握得都很不错。那同学们观察我们用三种物质表示的该反应的化学反应速率，你认为它们有怎样的关系？

【学生回答】$v(N_2) : v(H_2) : v(NH_3) = 1 : 3 : 2$。化学反应速率之比等于 N_2、H_2、NH_3 的化学计量数之比。

【教师活动】没错，在今后的解题中，我们就可以用其中的一个反应物的浓度计算出该物质表示的化学反应速率，通过化学计量数之比推断出其他物质表示的化学反应速率。

教学环节四：课堂总结

【教师活动】相信同学们这节课的收获一定不小，来说说你学到哪些知识吧。

【学生活动】学生甲：通过对鸟巢的了解，我知道了有些化学反应可以发生得很缓慢。

学生乙：通过飞机的坠毁，我知道了有的反应非常快，有的反应非常慢。

学生丙：我学会了可以像物理学中的速度那样，用单位时间内反应物浓度的减少或生成物浓度的增加来计算化学反应速率，也学习了化学反应速率的计算公式。

学生丁：我学会用三段式解决化学反应速率计算问题，并且知道了不同物质表示的化学反应速率之比就等于它们的化学计量数之比。

【课堂练习】

① 将气体 A、B 置于 2L 的密闭容器中，发生如下反应：$4A(g) + B(g) \Longrightarrow 2C(g)$，反应进行到 4s 末，测得 A 为 0.5mol，B 为 0.4mol，C 为 0.2mol。则：

用生成物 C 浓度的增加量来表示该反应的速率应为（　　　）；

用反应物 A 浓度的减少量来表示该反应的速率应为（　　　）；

用反应物 B 浓度的减少量来表示该反应的速率应为（　　　）。

A. 0.025mol/（L·s）　　　　　　　B. 0.0125mol/（L·s）

C. 0.05mol/（L·s）　　　　　　　　D. 0.1mol/（L·s）

② 已知 $4NH_3 + 5O_2 \Longrightarrow 4NO + 6H_2O$，若反应速率分别用 $v(NH_3)$、$v(O_2)$、$v(NO)$、$v(H_2O)$ 表示，则正确的关系是（　　　）。

A. $\dfrac{4}{5}v(NH_3) = v(O_2)$　　　　　　B. $\dfrac{5}{6}v(O_2) = v(H_2O)$

C. $\dfrac{2}{3}v(NH_3) = v(H_2O)$　　　　　　D. $\dfrac{4}{5}v(O_2) = v(NO)$

③ 在密闭容器中 A 与 B 反应生成 C，其反应速率分别用 $v(A)$、$v(B)$、$v(C)$ 表示，已知 $v(A)$、$v(B)$、$v(C)$ 之间有以下关系：$2v(B) = 3v(A)$，$3v(C) = 2v(B)$，则此反应可表示为（　　　）。

A. $2A + 3B \Longrightarrow 2C$　　　　　　B. $A + 3B \Longrightarrow 2C$

C. $3A + B \Longrightarrow 2C$　　　　　　D. $A + B \Longrightarrow C$

【板书设计】

化学反应速率

① 概念：单位时间内反应物浓度的减少量和生成物浓度的增加量（均取正值）

② 单位：mol/(L·s)、mol/(L·min)、mol/(L·h)

③ 公式：$v = \Delta c / \Delta t$

④ 计算：不同物质表示的化学反应速率之比等于它们的化学计量数之比

（5）教学设计分析

在本教学设计片段中，首先通过课前布置任务，创设情境，使学生联系生活实际，感知生活中的化学现象。在课堂导入部分，检验学生的预习成果，讲解预习内容"鸟巢"的知识引入化学反应速率。紧接着，再用生活实例"飞机坠毁现象"，进一步帮助学生理解化学反应速率。教师将主动权交给学生，由学生列举不同物质表示化学反应速率的方法。学生对化学反应速率的三段式计算进行板演，教师引导其他同学发现错误并改正，锻炼了学生发现问题、解决问题的能力。教师还通过引导学生写出其他表示方法来锻炼学生的发散思维。

11.3 研究性教学在浓度对化学反应速率的影响教学中的应用

（1）教学流程

浓度对化学反应速率的影响教学流程如图 11-3 所示。

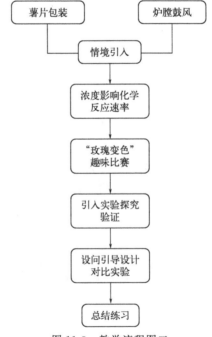

图 11-3 教学流程图二

（2）教学目标

① 知识与技能：通过实验探究了解浓度对化学反应速率的影响，掌握其一般规律。

② 过程与方法：在实验探究的过程中，体会定性观察、对比实验等科学方法，通过对实验现象的分析，培养学生总结归纳的能力。

③ 情感态度与价值观：让学生体验化学研究的快乐，培养学生实事求是的严谨科学态度与积极探索的创新精神。

（3）教学重难点

浓度影响化学反应速率的实验探究。

（4）教学设计片段

教学环节一：创设情境

【教师活动】多媒体展示图片：薯片包装生产线，如图 11-4 所示。

薯片大家一定很喜欢吃吧，同学们知道薯片在包装时，里面充入的是什么气体吗？为什么要向袋装薯片中充入大量气体呢？

【学生活动】薯片中充入的是氮气，氮气相对稳定，不容易使薯片发生氧化，充入氮气起到了降低氧气浓度、帮助薯片保鲜的作用；另外，袋装零食充入大量氮气也能够使消费者产生"有很多薯片"的错觉，刺激大家去购买！

【教师活动】回答的没错，薯片包装袋中充入大量氮气，降低了氧气浓度，减缓薯片氧化变质的速率。看来同学们不仅能将化学知识运用到生活中，还有着经商的头脑。

【教师活动】多媒体展示图片：鼓风机，如图 11-5 所示。

图 11-4　薯片包装

图 11-5　鼓风机

住在乡下的爷爷最近打来电话，爷爷表示"年纪大了，每次用家里的灶炉烧柴火时，用手扇扇子太累了"，希望爸爸能买一台鼓风机，帮助爷爷更好地烧柴火。大家知道鼓风机的作用是什么吗？

【学生活动】用鼓风机向灶台中鼓入空气，加速燃烧。

【教师活动】没错，我们借助鼓风机向灶台中鼓入空气，增加了氧气的含量，使柴火烧起来更容易，火焰更加旺，爷爷也能更节省体力了。

【教师活动】通过刚刚的两个小故事，总结一下，我们是如何加快化学反应速率或者减缓化学反应速率的。

【学生活动】学生甲：减少氧气含量，使化学反应速率变小，减慢变质。

学生乙：增加氧气含量，使化学反应速率变大，燃烧更旺。

【教师活动】同学们知道，这是何种因素在影响化学反应速率吗？

【学生活动】浓度是影响化学反应速率的因素。

【教师环节】同学们总结得很好，浓度即为影响化学反应的因素。能说出你知道的浓度改变化学反应速率的例子吗？

【学生活动】学生甲：铁块在稀盐酸中溶解的较慢，在较浓的盐酸中溶解的较快。

学生乙：镁条在纯氧中燃烧更剧烈。

教学环节二：趣味比赛

【教师活动】下面我们来进行一个趣味比赛，带大家直观感受一下浓度对化学反应速率的影响。

请小组代表拿出老师在课前发放给大家的"红玫瑰"，讲台上有两个花瓶，花瓶中装着等量的液体，请你们各选择一个花瓶，看谁的"红玫瑰"最先变成"白玫瑰"。

【学生活动】选择花瓶，将"红玫瑰"放入花瓶中，通过观察发现 2 组同学的"红玫瑰"最先变成"白玫瑰"。

【教师活动】首先恭喜 2 组同学。透露给大家一个信息，花瓶中装的是稀盐酸溶液，那老师想请问同学们，你们知道老师的"红玫瑰"是如何制作的吗？

【学生活动】学生小组讨论回答：叠好纸玫瑰，先用 NaOH 溶液浸泡，再将酚酞溶液喷洒在花瓣上，NaOH 溶液显碱性，遇到酚酞变红，就制作出了"红玫瑰"。

【教师活动】"红玫瑰"为什么会变成"白玫瑰"？

【学生活动】"红玫瑰"中的 NaOH 与稀盐酸反应，生成 NaCl 显中性，不能使酚酞变红，"红玫瑰"中的 NaOH 减少，就变成了"白玫瑰"。

【教师活动】通过刚刚我们学过的知识，请大家猜一下 2 组同学为什么会赢。

【学生活动】2 组同学选的花瓶稀盐酸的浓度更大，与 NaOH 溶液发生反应的速度更快，所以"红玫瑰"最先变成"白玫瑰"。

【教师活动】究竟是不是这样呢？接下来我们就通过实验验证一下浓度对化学反应速率的影响，相信通过这个实验就可以解释 2 组同学为什么会赢了。

教学环节三：实验验证

【教师活动】接下来，请大家以四个人为一小组，通过老师给大家提供的实验仪器与实验药品来验证浓度对化学反应速率的影响。

实验用品：0.1mol/L 的酸性 $KMnO_4$ 溶液、0.1mol/L $H_2C_2O_4$（草酸）溶液、0.2mol/L $H_2C_2O_4$ 溶液。

【学生活动】小组交流，设计实验方案。

实验步骤：在两支大小相同的试管中分别加入 4mL 0.01mol/L 的酸性 $KMnO_4$ 溶液和 6mL 0.01mol/L 的 H_2SO_4 溶液，其中一支试管中加入 0.1mol/L 的 $H_2C_2O_4$ 溶液 2mL，另一支试管中加入 0.2mol/L $H_2C_2O_4$ 溶液 2mL。

【学生汇报】学生实验过程记录如表 11-1 所示。

表 11-1 学生实验 1 记录表

加入试剂	2mL 0.1mol/L 草酸溶液	2mL 0.2mol/L 草酸溶液
实验现象	紫色逐渐褪去	紫色逐渐褪去
褪色时间	长	短
结论	较浓的草酸溶液反应速率快	

反应方程式：$2KMnO_4 + 5H_2C_2O_4 + 3H_2SO_4 == K_2SO_4 + 2MnSO_4 + 10CO_2\uparrow + 8H_2O$。

【教师活动】同学们的思路很清晰。对于上述反应，我们知道高锰酸钾溶液是紫色的，加入草酸之后，紫色的高锰酸根离子被草酸还原成无色的锰离子，所以，我们可以根据溶液的颜色变化来判断反应的进行程度。请同学们总结一下你得出的实验结论。

【学生活动】加入 0.1mol/L 草酸的溶液中，高锰酸钾溶液紫色褪去的时间比加入 0.2mol/L 草酸的溶液高锰酸钾溶液紫色褪去的时间长，所以高锰酸钾在 0.2mol/L 的草酸溶液中的反应速度更快，证明了反应物的浓度越高，化学反应速率越快。

教学环节四：设计对比实验

【教师活动】通过刚刚的实验我们证明了反应物的浓度越大，化学反应速率越快，那请同学们思考这样一个问题：如果我们取用不同体积等浓度的试剂，体积大的其溶质的物质的量也大。那么溶质物质的量的改变会引起反应速率发生什么变化呢？请同学们小组讨论一下，并进行实验设计。

【学生活动】小组讨论，制定出实验方案。

实验步骤：在两支大小相同的试管中分别加入 4mL 0.01mol/L 的 $KMnO_4$ 酸性溶液和 6mL 0.01mol/L 的 H_2SO_4 溶液，其中一支试管中加入 0.2mol/L 的 $H_2C_2O_4$ 溶液 2mL，另一支试管中加入 0.2mol/L $H_2C_2O_4$ 溶液 4mL。

【学生汇报】学生实验过程记录如表 11-2 所示。

表 11-2　学生实验 2 记录表

加入试剂	2mL 0.2mol/L 草酸溶液	4mL 0.2mol/L 草酸溶液
实验现象	紫色逐渐褪去	紫色逐渐褪去
褪色时间	相同	
结论	不同体积等浓度的草酸反应速率相同	

实验现象总结：加入 0.2mol/L 2mL 草酸的溶液中，高锰酸钾溶液紫色褪去的时间与加入 0.2mol/L 4mL 草酸的溶液中高锰酸钾溶液紫色褪去的时间相同。

【教师活动】这样，我们就可以排除反应物的物质的量的干扰。通过刚刚同学们设计的两个实验，我们最终验证了浓度对化学反应速率的影响，请同学们总结一下。

【学生活动】在其他条件相同时，增加反应物的浓度，反应速率增大；反之，降低反应物的浓度，反应速率减小。

【教师活动】现在请同学们再回看我们之前所进行的趣味比赛，为什么 2 组同学的"红玫瑰"最先变成了"白玫瑰"？

【学生活动】2 组同学选择的花瓶中稀盐酸的浓度比其他花瓶中稀盐酸的浓度大，由于反应物的浓度越大，化学反应速率越快，所以 2 组同学的高浓度盐酸与"红玫瑰"中 NaOH 反应速率更快，所以其"红玫瑰"更快褪色为"白玫瑰"。

教学环节五：课堂小结

【教师活动】学习了本节课，同学们有什么收获？

【学生活动】学生甲：通过袋装薯片和利用鼓风机生火两个故事，我学习了反应物的浓度是影响化学反应速率的因素之一。

学生乙：通过"玫瑰变色"比赛，我真实地感受到浓度对化学反应速率的影响。

学生丙：通过设计实验探究，我明白了浓度越大，化学反应速率越大。

【课后练习】请同学们课后自己设计一个小趣味比赛，来验证下节课要学习的温度对化学反应速率的影响，达到预习的目的。

【板书设计】

浓度对化学反应速率的影响

① 实验现象：较浓的草酸溶液中紫色褪去时间更短。

② 实验原理：$2KMnO_4 + 5H_2C_2O_4 + 3H_2SO_4 \xrightarrow{\quad\quad} K_2SO_4 + 2MnSO_4 + 10CO_2\uparrow + 8H_2O$。

③ 实验结论：浓度越大，化学反应速率越大。

（5）教学设计分析

在本教学设计片段中，以袋装薯片充气与炉膛鼓风两个生活中常见的问题为材料，设计两个小故事，引出浓度是影响化学反应速率的因素之一。教师备好课前素材，创设真实的生活化情境，提高学生对本节课学习的兴趣，使学生具有主动研究"浓度对化学反应速率影响"的积极性，带领学生进入化学课堂。

在教学环节二中，教师通过设计"玫瑰变色"的趣味比赛，进一步吸引学生的注意力，使学生身临其境，亲自体验。结合学生的竞赛意识，调动学生学习的主观能动性，使学生对"浓度对化学反应速率的影响"产生疑问，引导学生进一步用实验探究验证，将教材中的演示实验变成学生设计实验。教师通过铺垫引导，使学生自主设计一组对比实验进行探究。学生小组合作，进行实验探究，通过对实验现象的观察，进行归纳，得出结论，进而验证浓度对化学反应速率的影响，培养其动手操作的能力与总结归纳的能力。

11.4 分析及建议

本章的两个教学设计片段，通过一系列的问题情境，引发学生思考，遵循其由浅入深、由感性到理性的认识过程。通过结合物理学科，形成"化学反应速率"的概念；通过实验探究的过程，明确浓度对化学反应速率的影响，有利于培养学生的思维能力。此教学设计存在以下优点。

（1）注重化学与生活、化学与社会的联系

精心创设情境，启发学生关注生活，从生活经验和生活现象中获取化学知识。第一个教学设计片段亮点在于结合社会时事，为学生创设生活化情境。引导学生关注社会时事，发现生活现象中的化学知识。通过这些生活实例，引发学生对化学反应速率的思考，提高学生化学学习的主观能动性。与此同时，也有助于学生了解更多的国家大事，增强社会责任感。

（2）通过实验探究体现"变化观念与平衡思想"核心素养

在第二个教学设计中，通过两个小故事引发学生思考，得出浓度是化学反应速率的影响因素之一。改教材演示实验为学生实验，通过趣味比赛，提高学生的求知欲与探索精神，引导学生自主设计实验验证浓度影响化学反应速率的规律。在实验过程中，教师适时引导指正，学生之间小组合作，完成整个实验过程，学生自己总结归纳实验现象与实验结论。通过实验的探究，认识化学变化是有一定速率的、可以调控的，体现"变化观念与平衡思想"核心素养。

（3）体现研究性教学的优势

在两个教学设计中都有学生自主探究学习的过程。在"化学反应速率的表示与简单计算"教学设计中，学生通过预习，自主研究鸟巢中的化学现象。查阅相关文献资料，学生自主研究学习"三段式"法解决化学反应速率计算问题，并在课上演示，与其他同学交流，发现其中的问题，及时解决。在"浓度对化学反应速率的影响"教学设计中，教师通过趣味比赛引导学生自主设计实验，探究浓度对化学反应速率的影响，在此过程中，培养学生的实践能力与创新精神。

由于受教学条件限制，并且专业能力尚有所欠缺，对教学过程的思考不够周全，导致本教学设计有以下不足：讲解"三段式"计算法时没有明显的引入过程，通过学生预习板演引入略显生硬，可能会对学生的理解造成障碍，但是对于应用"三段式"解决化学反应计算问题无过多影响。

参考文献

[1] 刘丽君，狄洪. 探讨生活化教学在高中化学中的运用[J]. 考试周刊，2021，15(04)：113-114.

[2] 任远坤. 以培养学生创新精神和实践能力为重点的素质教育实践研究[J]. 科教导刊，2021，13(13)：1-3.

[3] 中华人民共和国教育部. 普通高中化学课程标准(2017年版2020年修订)[M]. 北京：人民教育出版社，2020.

[4] 张阳. 高中化学生活情境的创设探究[C]//中国管理科学研究院教育科学研究所. 2018年教师教育能力建设研究专题研讨会论文集，2018：1905-1906.

[5] 环丽. 趣味实验在无机化学教学中的实践及思考[J]. 当代化工研究，2021，21(23)：104-106.

第12章

研究性教学案例分享

12.1 二氧化硫与钡盐反应的研究性教学案例

（1）二氧化硫与钡盐的相关反应

教学环节一：二氧化硫通入氯化钡溶液中

知识回顾：

【教师提问】上节课我们简单介绍了二氧化硫这种物质，同学们还记得它有哪些物理性质吗？

【学生回答】二氧化硫是一种有刺激性气味的无色气体，密度比空气大且易溶于水。

【教师提问】由于二氧化硫易溶于水，若将二氧化硫通入某些盐溶液中反应，参与反应的是二氧化硫本身，还是其他的一些物质呢？

【学生回答】学生在草稿本上写出：$SO_2 + H_2O \rule[0.5ex]{1.2em}{0.4pt} H_2SO_3$。二氧化硫先与溶液中的水反应生成一种弱酸——亚硫酸，猜测是亚硫酸与盐溶液中的溶质会进一步发生反应。

探究教学活动过程见表 12-1。

表 12-1　探究教学活动过程一

教师活动	学生活动	设计意图
首先，以第一个命题为出发点，让学生假设，如果反应能发生，方程式该如何写	学生讨论、思考，可能发生的反应及其反应原理，并在草稿本上尝试书写反应方程式	引导学生回顾二氧化硫相关知识及其性质，并能够灵活地应用
如若反应成立，方程式书写为 $SO_2 + BaCl_2 + H_2O \rule[0.5ex]{1.2em}{0.4pt} BaSO_3\downarrow + 2HCl$	观察方程式，按照化学反应原理将其改正	此方程式为假设猜想，但也可以通过它的书写考验学生方程式书写相关知识的掌握情况
请同学们观察式子，思考该反应方程式是否成立？是否符合化学反应规律	学生在仔细观察产物之后，就能很快地得到结论：该方程式不成立	引发学生的学习思维，改传统学生听老师讲为引导学生思考、发现问题，自主探究
结论：因为亚硫酸钡可溶于盐酸，所以该反应不成立。因此，二氧化硫通入氯化钡溶液中，无明显现象	记住结论，理解反应不成立原因	通过化学方程式中生成物之间发生反应不共存，知该方程式不成立，加深对化学方程式的理解

教学环节二：二氧化硫通到氯化钡溶液中，并通入足量的氨水，有什么现象？

以环节一为基准，引导学生思考，如果将二氧化硫通入氯化钡溶液中，要使溶液发生反应且有明显现象，还应该怎样操作，或是可以添加什么试剂？

讨论结果：化学方程式不成立原因是生成的亚硫酸钡与盐酸反应，若想看到明显现象，需要保留亚硫酸钡，除去盐酸，探究教学活动过程见表 12-2。

表 12-2　探究教学活动过程二

教师活动	学生活动	设计意图
针对环节一进行提问：在反应中是什么阻止了亚硫酸钡生成	学生将很快得到结论：是酸	引导学生从生成物的角度解决问题，培养学生发散思维
追问：若是希望沉淀生成，最方便的方法是什么	学生便可以很容易得出结论：用碱将酸中和	针对问题提出解决方法
我们选择消耗盐酸的试剂——氨水	学生猜测：在环节一的基础上加入了氨水，有效地消耗了生成的 HCl，所以环节二中，有白色沉淀生成	把学生引导到环节二中，让学生对比环节二和环节一
操作方法：二氧化硫通到氯化钡溶液中，并滴加足量的氨水，发现有白色沉淀生成	分析：$SO_2 + H_2O = H_2SO_3$ $H_2SO_3 + 2NH_4OH = (NH_4)_2SO_3 + 2H_2O$ $(NH_4)_2SO_3 + BaCl_2 = BaSO_3 \downarrow + 2NH_4Cl$ 实验原理： $BaCl_2 + SO_2 + 2NH_4OH = BaSO_3 \downarrow + 2NH_4Cl + H_2O$	针对现象，分析原理，并能熟练地写出相应的化学方程式

教学环节三：二氧化硫通入硝酸酸化的氯化钡溶液中，有什么现象？

通过前两个环节的探讨，我们又可以延伸到将二氧化硫通入硝酸酸化的氯化钡溶液中，学生在对比中也很容易明白。探究教学活动过程见表 12-3。

表 12-3　探究教学活动过程三

教师活动	学生活动	设计意图
环节二中我们通过去除盐酸使亚硫酸钡留下来，那么同学们思考还可以采取哪些措施呢	从生成物的角度分析，还可以从亚硫酸钡入手	从生成物的角度解决问题，培养学生发散思维，多种方法解决问题
从亚硫酸钡的角度出发，则生成物中一定有盐酸，怎样转换？	学生很快得出结论——可以通过添加试剂的方法使其生成不溶于盐酸的物质	针对问题，提出解决方法

教师活动	学生活动	设计意图
继续追问：二氧化硫有强还原性，溶于水形成亚硫酸，可以添加什么试剂形成哪种不溶于盐酸的物质呢？	大部分学生都能联想到：硝酸有强氧化性，可以将二氧化硫溶液中的亚硫酸根氧化成硫酸根离子，而硫酸钡不溶于水也不溶于酸，最终得到硫酸钡白色沉淀	把学生引导到环节三中
环节三与环节一的区别在于加入了稀硝酸 实验操作：二氧化硫通入硝酸酸化的氯化钡溶液中，有什么现象？——有白色沉淀生成	分析： $SO_2 + H_2O == H_2SO_3$ $3H_2SO_3 + 2HNO_3 == 3H_2SO_4 + 2NO + H_2O$ $H_2SO_4 + BaCl_2 == BaSO_4\downarrow + 2HCl$ 实验原理： $3BaCl_2 + 3SO_2 + 2HNO_3 + 2H_2O == 3BaSO_4\downarrow$ $+ 2NO + 6HCl$	通过化学方程式中生成物之间发生反应不共存，加深对化学方程式的理解

（2）二氧化碳与钡盐的相关反应

知识回顾：

【教师提问】我们刚刚学习了二氧化硫与氯化钡的相关反应，有一个与二氧化硫化学性质很相似的物质——二氧化碳，通常将两者比较学习，现在，请同学们回忆一下，二氧化碳有哪些物理性质呢？

【学生回答】二氧化碳是一种无色无味气体，密度比空气大且易溶于水。

【教师提问】已知二氧化碳易溶于水，若将二氧化碳通入氯化钡溶液中反应，反应的是二氧化碳本身，还是它与水的反应产物碳酸呢？

【学生回答】学生在草稿本上写出：$CO_2 + H_2O \rightleftharpoons H_2CO_3$，二氧化碳先与溶液中的水反应生成一种弱酸——碳酸，猜测是碳酸与氯化钡发生反应。

【教师引导】根据第一个探究中二氧化硫与氯化钡的相关反应，探究二氧化碳与氯化钡相关反应的实验现象及其原理。

教学环节一：二氧化碳通入氯化钡溶液中

探究教学活动过程见表12-4。

表12-4　探究教学活动过程四

教师活动	学生活动	设计意图
首先，让学生假设，二氧化碳通入氯化钡溶液中反应能不能发生，如果反应能发生，方程式该如何写	学生讨论、思考可能发生的反应及其反应原理，并在草稿本上尝试书写反应方程式	引导学生回顾二氧化碳相关知识及其性质，并能够灵活地应用
教师展示：如若反应成立，方程书写为 $CO_2 + BaCl_2 + H_2O == BaCO_3\downarrow + 2HCl$	观察化学方程式，按照化学反应原理将其改正	此方程式为假设猜想，但也可以通过它的书写考验学生方程式书写相关知识的掌握情况

教师活动	学生活动	设计意图
教师提问：请同学们观察式子，思考该反应方程式是否成立？是否符合化学反应规律？	学生在仔细观察产物之后，就能很快地得到结论：该方程式不成立	引发学生的学习思维，改传统学生听老师讲为引导学生思考、发现问题，自主探究
结论：因为碳酸钡可溶于盐酸，所以该反应不成立。因此，二氧化碳通入氯化钡溶液中，无明显现象	记住结论，理解反应不成立原因	通过化学方程式中生成物之间发生反应，无法共存，得知该方程式不成立，加深对化学方程式的理解

教学环节二：二氧化碳通到氯化钡溶液中，并通入足量的氨水，有什么现象？

以环节一为基准，在环节二中再向溶液中通入足量的氨水，进行实验设计。探究教学活动过程见表 12-5。

表 12-5　探究教学活动过程五

教师活动	学生活动	设计意图
针对环节一进行提问：在反应中是什么阻止了碳酸钡生成	学生将很快得到结论：是酸	引导学生从生成物的角度解决问题，培养学生发散思维
追问：若是希望沉淀生成，最方便的方法是什么	学生便可以很容易得出结论：用碱将酸中和	针对问题提出解决方法
我们选择消耗盐酸的试剂——氨水	学生猜测：在环节一的基础上加入了氨水，有效地消耗了生成的 HCl，所以环节二中，有白色沉淀生成	把学生引导到环节二中，让学生对比环节二和环节一的区别
实验步骤：二氧化碳通到氯化钡溶液中，并通入足量的氨水	分析：$CO_2 + H_2O \Longrightarrow H_2CO_3$ $H_2CO_3 + 2NH_4OH \Longrightarrow (NH_4)_2CO_3 + 2H_2O$ $(NH_4)_2CO_3 + BaCl_2 \Longrightarrow BaCO_3 \downarrow + 2NH_4Cl$	针对现象，明确原理，并能熟练地写出相应的化学方程式
同学们还记得实验室如何制备二氧化碳气体吗	学生很快回答：可以用大理石和稀盐酸反应制备二氧化碳 稀盐酸 大理石	引导学生进行知识回顾，实验室制取二氧化碳的药品和实验装置也是常考点

教师活动	学生活动	设计意图
准备实验仪器：长颈漏斗、锥形瓶、胶塞、导管、试管、胶头滴管 实验药品：大理石、稀盐酸、氨水和氯化钡溶液	按如图所示组装仪器： 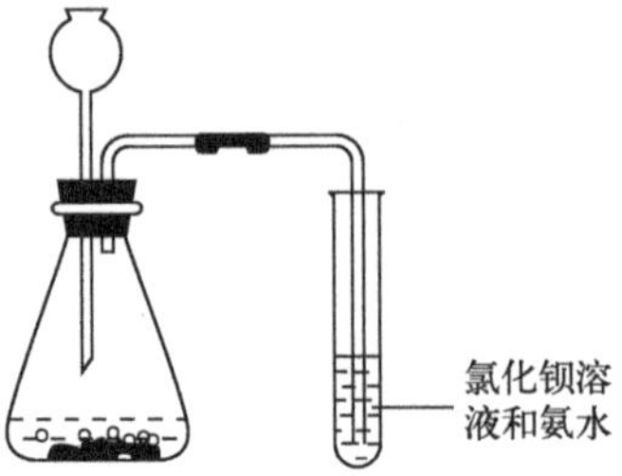 氯化钡溶液和氨水	培养学生动手操作能力，通过动手实验，加深对化学学习的兴趣
注意事项：进行实验之前一定要先检查装置气密性	检查装置气密性： 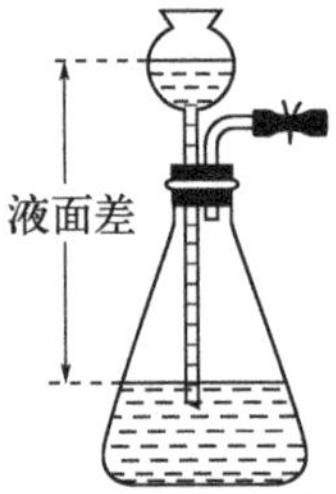 液面差 实验现象：有白色沉淀生成	可以更直观地看到实验现象，记忆深刻
实验结论：二氧化碳通到氯化钡溶液中，并通入足量的氨水，可以明显观察到有白色沉淀生成	实验原理： $BaCl_2 + SO_2 + 2NH_4OH = BaSO_3\downarrow + 2NH_4Cl + H_2O$	

教学环节三：二氧化碳通入硝酸酸化的氯化钡溶液中，有什么现象？

通过环节一和环节二我们又可以延伸，如果将二氧化碳通入硝酸酸化的氯化钡溶液中，会看到明显现象吗？探究教学活动过程见表 12-6。

表 12-6　探究教学活动过程六

教师活动	学生活动	设计意图
环节二中我们通过去除盐酸使碳酸钡留了下来，思考还可以如何操作，使体系中也有白色沉淀产生	从生成物的角度分析，还可以从碳酸钡入手	从生成物的角度解决问题，培养学生发散思维，多种方法解决问题
从碳酸钡的角度出发，则生成物中一定有盐酸，怎样操作可以有现象？	学生很快得出结论——碳酸盐都溶于盐酸，所以即使加入硝酸也没有变化	提出问题，进行思考

实验结论：二氧化碳只有通入氯化钡溶液后再通入碱性物质使生成的盐酸反应掉，反应才会有明显现象，白色沉淀才能生成。

（3）教学反思

改进：在进行二氧化硫的相关实验时一定要注意二氧化硫是一种带有刺激性气味的气体，不易大规模进行实验操作，可以由教师演示，并且一定要在通风良好的环境中进行。如果教师的教学环境没有演示条件，教师也可以选择在网上下载相应视频，结合视频讲解实验，也可以很好地起到演示和规范实验操作的效果。

反思：在二氧化碳与氯化钡反应的实验中，考虑到实验前要检查装置气密性，但是却忽略了二氧化碳过量的情况。二氧化碳虽然不是空气污染气体，但是造成温室效应的主要因素，所以在实验装置后应添加尾气吸收装置。选取氢氧化钙吸收，既可以吸收二氧化碳也可以检验二氧化碳是否过量，如图 12-1，同时还可以有效地保护环境。培养学生的环保意识和绿色化学思维也是现在教学中必不可少的教学要素。

图 12-1 尾气处理装置

12.2 二价铁离子和三价铁离子的检测及转化研究性教学案例

教学环节一：Fe^{2+} 和 Fe^{3+} 的检验

教师在多媒体大屏幕上展示新鲜苹果和氧化苹果图片。

【教师提问】苹果是一种常见的水果，细心的同学应该发现了当我们将切开的苹果放置几分钟，苹果的切面颜色就会变深，这是什么原因呢？

【学生回答】应该是被氧化了（思考讨论，激发兴趣）。

【教师追问】正确，那同学们通过苹果被氧化的现象能否回顾一下，我们还学习过哪些物质也非常容易被氧化且变色？

【学生回答】铁！铁生锈后表面也会产生褐色物质（将二者在头脑中建立起联系）。

价值体现：在实施生活化教学中，一定要充分考虑学生已有生活经验中的错误认知。创造生活情境，从实际生活入手，去教授知识。将生活中的实际问题对应的知识与教材中的知识有机结合，学生可以更深刻地理解相关知识，也更容易记住，提高学生学习化学的热情，从而提高课堂效率。

【教师讲解】苹果氧化的颜色与铁生锈的颜色类似，所以我们大胆猜想一下苹果中是否也含有铁元素呢？苹果被氧化会不会与铁元素有关系呢？若苹果中的确存在铁元素，它又是以什么形式存在的呢？今天我们来研究一下这个问题。

【教师讲解】由于我们并不知道苹果中的铁元素的存在形式，它有可能是三价铁离子，也可能是二价铁离子，如何判断是二价铁离子还是三价铁离子，我们可以选择用硫氰化钾试剂进行检测，若存在三价铁离子，硫氰化钾就会显现出血红色。现在老师在每位同学面前都已经放了一个切开的苹果，一瓶硫氰化钾试剂，同学们可以将硫氰化钾溶液滴在苹果切面上，认真观察硫氰化钾溶液颜色变化并得出结论。

【学生回答】苹果并没有出现血红色，所以苹果中不含有 Fe^{3+}。

价值体现：通过日常生活中常见的新鲜苹果与被氧化的苹果的对比引发学生思考：是什么原因导致的苹果被氧化？引导学生回顾已有认知中的相似知识，从而将铁生锈与苹果氧化联系在一起，对苹果中是否含有铁元素进行验证。课上选用生活中的常见物品来代替化学用品进行化学实验的原因是这些物品对学生们来说是十分熟悉的，所以学生不会对此产生害怕心理，反而会更感兴趣，更能融入实验中。学生会在实验中培养自己的动手能力和创新能力，随着这些能力的增强，学生会更加积极学习化学，并会在下次做实验时有更坚定完成实验的决心，而这种决心会让同学们更热爱化学。

【教师提问】除了 Fe^{3+}，铁元素常见的还有 Fe^{2+}，同学们阅读教材，根据课本中对于 Fe^{2+} 的检验方式进行总结（找学生代表发言）。

【分组研讨】分组完成各自学习任务，每组选出一个代表在黑板展示学习成果，全班同学一起对结果进行分析讨论。将一个新鲜苹果对半切开，在其表面上滴加几滴硫氰化钾溶液，无明显现象，搁置几分钟后，在同样的位置上滴加几滴过氧化氢溶液。注意观察滴加位置的颜色变化。发现溶液呈现出血红色，由此说明在苹果中有铁元素的存在，并且铁元素是以 Fe^{2+} 形式存在的。

教学环节二：Fe^{2+} 和 Fe^{3+} 的相互转化

如何设计实验能够实现铁离子与亚铁离子的转化？

【教师提示】请同学 4 人一组为单位进行设计实验，利用老师为大家提供的试剂进行实验，实现铁离子与亚铁离子之间的转化。同学们可以通过颜色的变化来进行两者之间转化的验证。

【学生实验】学生分工完成实验操作，共同协作完成实验探究，观察、记录实验现象并展开分析讨论。通过颜色的变化来验证实验结果。

价值体现：让学生自己动手设计，进行 Fe^{2+} 和 Fe^{3+} 的相互转化的实验探究，从而培养学生从做中学的能力，同时进一步培养学生的科学探究能力。在教学中引入社会热点也是创造情境的一种方法，化学本身就与人类社会息息相关，并且社会也在不断发展。教师需要紧跟时代潮流，了解最新趋势，创新课堂教学方法，并能够将内容告知和传授给课堂的学生。

实验用品：小型榨汁机、青苹果、维生素 C 药片、透明玻璃杯、玻璃棒。

【教师提示】小组之间可以交流实验方案，实验过程中，认真观察实验现象，分析原因并得出相应的结论，学生代表发言。

【学生实验】学生共同协作完成实验探究，观察、记录实验现象；针对问题展开思考交流；设计实验方案验证结论。先将苹果榨成苹果汁，然后倒入事先准备好的透明的玻璃杯中，静置一段时间后，发现苹果汁从青色变为了稍深黄色。取出一片维生素 C 并将其碾成粉末状，溶于水后，加入苹果汁中，进行搅拌，发现苹果汁很快从深黄色又变回青色，恢复到了原来的状态。

【教师讲解】通过实验我们了解了 Fe^{2+} 和 Fe^{3+} 能够相互转化，还能通过实验巩固我们之前学过的氧化还原反应。第一步苹果汁由青色变为深黄色是因为苹果汁中 Fe^{2+} 在空气中被氧化成 Fe^{3+}，在这里空气中氧气作为氧化剂；第二步选用维生素 C 药片是因为它具有很强的还原性，所以我们用维生素 C 药片粉末将 Fe^{3+} 还原成 Fe^{2+}，从而实现了 Fe^{2+} 和 Fe^{3+} 的相互转化。

实验效果：学生整体的状态都很活跃，看到此实验现象都很兴奋，立马想要亲自动手进行实验，小组合作能力也体现得淋漓尽致，课堂氛围活跃。

价值体现：化学教学中，关键是要确定新课如何引入，是否能够引起学生的兴趣并激励他们加入教学过程中，而这些是验证引入的课程是否成功的标志。

【教师总结】我们知道切开后的苹果容易被氧化，那有什么办法可以防止苹果氧化呢？其实苹果的保存方法有很多，通过学习我们知道最主要的方法一定是隔绝空气，比如用保鲜膜将其裹住，尽量避免切面与氧气直接接触。通过 Fe^{2+} 和 Fe^{3+} 的相互转化我们知道除了隔绝空气还可以用还原性的物质将 Fe^{3+} 转化为 Fe^{2+}，比如说将柠檬汁均匀涂抹在苹果切片上。

【学生实验】学生仔细思考，苹果保存有哪些方法，并在小组间展开讨论，了解生活中一些常见的物质保鲜的方法。

价值体现：在本节课中，通过学生对苹果的熟悉进行实验操作，可能会使同学减少对于实验的畏惧心理，更加从容地去做实验，在实验中获得乐趣的同时，也掌握了相关的知识，更加有利于学生学习效率的提高。学生会更加积极地学习，并会在下次做实验时有更坚定完成实验的决心，而这种决心会让同学们更热爱化学。

教学环节三：作业

生活中除苹果以外的其他水果中是否也含有铁元素呢？如果含有，铁元素的价态如何呢？请同学们回到家自己做这个实验，并录视频。

价值体现：通过作业让学生明白，生活中化学无处不在。在化学实验中，有很多是在生活中不难发现的现象，因此生活中的一些物质可以替代实验中的化学用品。

12.3 探索"雷雨发庄稼"背后的秘密——一氧化氮和二氧化氮研究性教学案例

（1）教学内容分析

一氧化氮与二氧化氮在高中教材中是比较重要的两个知识点，对比 2004 版人教版教材和 2019 版人教版教材可以发现，这部分的内容都是通过叙述一氧化氮的物理性质和化学性质展开的。

两版教材都是直接给出了相关的化学方程式，但是相比于 2004 版教材，2019 版是将氮气与氧气的化学方程式放在了"一氧化氮和二氧化氮"之前，在"氮气与氮的固定"中先做了介绍。另外，在介绍完相关方程式后，2004 版教材是通过让学生设计实验"要求尽可能多地使二氧化氮被水吸收"，通过一个实验记录表来记录分析二氧化氮与水反应的实验现象。而 2019 版教材则是在介绍完相关方程式后，通过教材上给出的实验让学生观察现象，从而引发思考——如何使 NO 充分转化，延伸到在工业生产硝酸上有何启示。

可以看出这部分内容重在让学生掌握二氧化氮和水的反应。

（2）学习者特征分析

依据 2019 版教材的编排顺序，学生先学习了氮气与氧气在放电或高温条件下能够生成一氧化氮，但是对于一氧化氮的相关物理化学性质还不了解；之后学习氮的固定（包括自然固氮和人工固氮）以及自然界中氮的循环。可以说在本节课之前，学生对于一氧化氮和二氧化氮的知识几乎是空白的。

而本节课中一氧化氮为无色气体，二氧化氮为红棕色气体，教材中仅设计了二氧化氮与水的实验，教师往往还会给学生观看氮气与氧气实验，通常实验中产生的一氧化氮立刻与氧气反应生成红棕色的二氧化氮，所以在区分这几个化学方程式与气体的颜色时学生很容易混淆。

（3）教学目标

知识与技能：掌握 NO 和 NO_2 的性质，重点掌握 NO_2 与 H_2O 的反应。

过程与方法：通过探索雷雨发庄稼的秘密，培养学生科学探究能力，学会用模拟实验的科学研究方法。

情感态度与价值观：通过设计实验，参与观察，小组合作，提高获取知识、分析知识、评价知识的能力，培养学生逻辑思维、化学实验思维，贯彻绿色化学理念。

（4）教学重难点

二氧化氮和水的反应。

（5）教学设计思路

该教学设计以发展学生科学探究精神为主旨，以探索"雷雨发庄稼"为情境贯穿整个课堂。区别于传统课堂将化学方程式直接告诉学生的模式，该设计中将整堂课分为 3 个环节 8 个学习任务。环节一，复习回顾"氮气与氮的固定"，帮助学生在接下来的环节中完成知识的迁移和应用。环节二，创设情境，引导学生用科学的方法解决问题；根据现场环境选择合适的反应原料和条件，引导学生建立起模拟实验的科学研究方法；在氮气与氧气实验中，利用学生的已有认知和实际现象产生矛盾，培养学生的辩证分析能力；二氧化氮与水实验中，通过设计实验步骤培养学生逻辑思维能力和严谨的科学态度，灌输绿色化学理念。环节三，梳理整个实验，破解"雷雨发庄稼的秘密"，帮助学生再一次回顾自然固氮过程，介绍氮肥，建立起系统的知识网络体系。

整堂课通过问题链驱动学习任务的进行，伴随学生的大胆猜测与推理验证，培养学生的化学学科核心素养。

（6）实验改进

因老教材实验存在 NO、NO_2 泄漏风险，故 2019 版教材采取注射器的方式，但是在用注射器吸取空气时，依旧存在 NO 泄漏风险。为保障实验安全，让学生能亲自动手操作这个实验，可在教材所用的实验仪器的基础上，稍加改进，将实验装置替换为图 12-2 所示装置。

在注射器中事先吸入 20mL NO，插入一个用橡胶塞密闭的塑料瓶中，在塑料瓶内预先充入一定体积的水和空气。

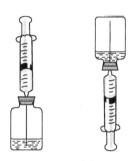

图 12-2　实验装置图

在进行 NO 与水反应实验时，如左图所示，只需用注射器吸取瓶内的水，而剩余的水亦能堵住针孔避免瓶内空气进入针筒内；当需要吸入空气时，可将装置整体倒过来，这样针筒便能吸取瓶内空气，吸取完毕后再将装置倒过来成左图状态即可。因塑料瓶有橡胶塞堵住，并且针孔有水堵住，可以避免 NO 泄漏。

实验取材源于生活，也能让学生感受到化学离生活并不遥远，许多实验用我们身边的材料即可完成。

（7）教学过程

教学过程见表 12-7。

表 12-7　一氧化氮和二氧化氮的实验教学过程

项目	情境线	知识线	任务线	评价线
环节一	上节课我们简单介绍了有关氮的物理、化学性质，同学们还记得主要讲了哪些内容吗？	1.氮及其化合物的化合价 2.氮气与氧气、氢气反应化学方程式 3.氮的固定	学生回顾《氮气与氮的固定》，回答问题	通过学生回答情况，了解学生知识掌握程度
环节二	播放雷雨天，农作物快速生长的短视频	氮肥能促进植物生长	引导学生通过模拟实验进行科学探究，解决问题，依据当地环境列出模拟实验中所需的反应物、反应条件（闪电——反应条件，大气、水、土壤——反应物）	通过学生回答情况，考查学生信息提取能力
	播放氮气与氧气反应的实验录像，问为什么看到红棕色气体？	1. NO 为无色有毒气体 2. NO$_2$ 为红棕色、有毒、有刺激性气味气体 3. $2NO+O_2=2NO_2$	1.学生提出两种猜想（NO 与 N$_2$ 反应及 NO 与 O$_2$ 反应） 2.小组讨论验证猜想 3.书写相应方程式	通过小组讨论、验证，考查学生推理判断能力，化学方程式配平掌握能力
	如何模拟下雨天的情境，教师给出实验仪器和药品	气体发生装置需要检查装置气密性	引导学生通过实验目的来设计实验步骤，小组讨论给出合理的实验步骤方案	通过设计实验步骤，考查学生逻辑思维能力，科学严谨性
	教师带领学生实验操作：①在一支50mL 容积的含有20mL NO 的注射器里吸入 5mL 水，振荡注射器，观察现象②将装置倒过来吸入10mL 瓶内的空气③振荡注射器，再观察现象	NO 不溶于水	学生操作实验，完成实验现象记录，针对现象合理推测	通过学生的实验操作与实验记录，考查学生动手操作能力、观察能力，推理判断能力

项目	情境线	知识线	任务线	评价线
环节二	根据实验最后现象：活塞位置小于35mL。问：NO_2是溶于水还是与水反应，若反应，产物有哪些？	$3NO_2 + H_2O = 2HNO_3 + NO$	1.学生提出pH试纸检验产物（HNO_3） 2.学生提出猜想（一种产物或不止一种产物）、验证假设（化合价的变化） 3.基于化合价变化提出另一个假设（生成物为NO）	通过学生的检验产物、提出假设，考查学生的推理判断能力
	如何验证假设？	$2NO + O_2 = 2NO_2$	1.学生设计实验（基于原有实验再一次吸入空气观察现象） 2.根据产物书写化学方程式	通过实验设计、实验操作，考查学生的动手操作能力、知识迁移应用能力、观察能力、推理判断能力、化学方程式配平掌握程度，贯彻绿色化学思想
环节三	教师总结，回顾自然固氮，揭开"雷雨发庄稼"的秘密	氮气、氧气与一氧化氮、二氧化氮、硝酸相互转化的方程式	小组汇报查阅的资料——《身边的氮》，分享它们在生活中的应用及危害	通过小组汇报，判断小组同学信息搜集能力，考查学生情意表现

（8）教学反思

本节课以探索"雷雨发庄稼的秘密"为主题，既能抓住学生的兴趣点，又能引导学生用科学的态度去看待问题，让学生通过实验探究、合作交流学习，符合新课程标准理念。但高中一年级的学生动手实践能力以及化学实验思维尚不足，许多地方还需要教师多加引导。

（9）教学课件

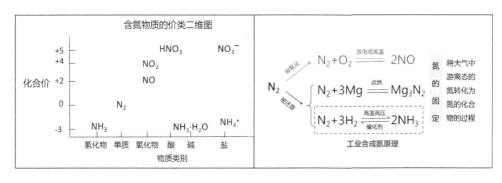

氮是生物体的重要组成元素，也是维持高等动植物生命活动的必需元素。正是由于存在着氮元素的循环、其他生命必需元素的循环以及水的循环，地球上的生命才能够生机勃勃、生生不息

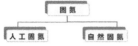

固氮
├── 人工固氮 —— 工业合成氨
└── 自然固氮 —— 空气在闪电中的转化、豆科植物根瘤菌

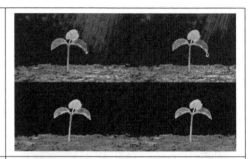

模拟自然环境
① 打雷、闪电 —— 反应条件
② 下雨 —— H_2O —— 反应物
③ 大气 —— N_2, O_2 —— 反应物
④ 土壤 —— 砂石等 —— 反应物

$$N_2+O_2 \xrightarrow{\text{放电或高温}} 2NO$$

$$N_2+O_2 \xrightarrow{\text{放电或高温}} 2NO$$

NO无色有毒气体，不溶于水

猜想红棕色气体是什么？
① NO与N_2发生了反应
② NO与O_2发生了反应

猜想红棕色气体是什么？

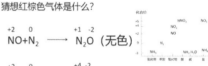

$$\overset{+2}{N}O+\overset{0}{N_2} \longrightarrow \overset{+1\ -2}{N_2O} \text{（无色）}$$

$$\overset{+2}{N}O+\overset{0}{O_2} \longrightarrow \overset{+4\ -2}{NO_2} \text{（红棕色）}$$

$$2NO+O_2=2NO_2$$

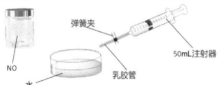

弹簧夹
50mL注射器
NO
水
乳胶管

思考：如何设计实验步骤？

检验NO与NO_2能不能和水反应？

① 在一支50mL注射器里充入20mL NO，然后吸入5mL水，用弹簧夹夹住乳胶管，振荡注射器，观察现象
② 打开弹簧夹快速吸入10mL空气后夹上弹簧夹，观察现象
③ 振荡注射器，再观察现象

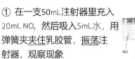

弹簧夹
注射器
NO
水
乳胶管

1、套上乳胶管，夹上弹簧夹后注射器气密性 2、有毒！

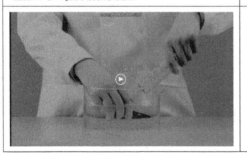

动手操作并记录——现象及推测

操作	现象	推测
吸水、第一次振荡	无	NO不溶于水，不与水反应
充入空气	无色透明→红棕色气体	$2NO+O_2=2NO_2$
第二次振荡	红棕色气体→无色透明，活塞位置小于35mL	NO_2与H_2O反应，NO_2溶于H_2O

NO_2与H_2O反应猜想：

取部分注射器中的液体，用pH试纸去检验后发现试纸呈红色，说明产物中有酸生成，推测生成了硝酸

还有别的产物生成吗？

① NO_2完全被水吸收，剩余的气体**只有NO和剩下的空气**

② NO_2被水吸收后还**有新的气体产生**

第一小组验证方法

$2NO+O_2=2NO_2$

10mL 空气	2mL O_2	
20mL NO	4mL NO	→ 4mL NO_2
5mL H_2O		

30mL<V<35mL

猜想：NO_2完全被水吸收，剩余的气体**只有NO和剩下的空气？**

5mL H_2O + 16mL NO + 8mL 空气 —→ 29mL

⚠ **猜想不成立**

第二小组验证方法

$$\overset{+4}{N}O_2 + H_2O \rightarrow H\overset{+5}{N}O_3$$

只有化合价升，没有化合价降，不合理，说明还有其他产物

猜测：N的化合价既然有升高的，那可能也会有降低的。推测有NO生成

再次吸入空气后，气体又一次变成红棕色

说明猜想成立，NO_2与H_2O反应产物有硝酸和NO

$$3\overset{+4}{N}O_2 + H_2O = 2H\overset{+5}{N}O_3 + \overset{+2}{N}O$$

现象及结论

操作	现象	结论
吸水，第一次振荡	无	NO不溶于水，不与水反应
充入空气	无色透明→红棕色气体	$2NO+O_2=2NO_2$
第二次振荡	红棕色气体→无色透明 活塞位置小于35mL	$3NO_2+H_2O=2HNO_3+NO$
再次充入空气	无色透明→红棕色气体	$2NO+O_2=2NO_2$

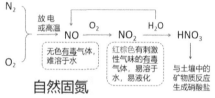

自然固氮

这个过程由氮气转化为硝酸以及硝酸盐等能够被土壤吸收的含氮化合物，为草木生长提供了必要的氮元素

知识拓展

氮肥，是指以氮（N）为主要成分，施于土壤，可提供植物氮素营养的单元肥料。氮肥是世界化肥生产和使用量最大的肥料品种；适宜的氮肥用量对于提高作物产量、改善农产品质量有重要作用。氮肥按含氮基团可分为氨态氮肥、铵态氮肥、硝态氮肥、硝铵态氮肥、氰氨态氮肥和酰胺态氮肥

硝态氮肥：

硝态氮肥包括硝酸钠($NaNO_3$)、硝酸钙[$Ca(NO_3)_2$]、硝酸铵(NH_4NO_3)等